销售的底层逻辑

The underlying logic of sales

刘岩华 著

中国经济出版社
CHINA ECONOMIC PUBLISHING HOUSE

·北京·

图书在版编目（CIP）数据

销售的底层逻辑 / 刘岩华著. -- 北京：中国经济出版社，2025.6. -- ISBN 978-7-5136-8141-4

Ⅰ. F713.3

中国国家版本馆 CIP 数据核字第 2025F5D253 号

策划编辑	张梦初
责任编辑	高 鑫　戴 瑛
责任印制	李 伟
封面设计	仙 境

出版发行	中国经济出版社
印 刷 者	三河市宏顺兴印刷有限公司
经 销 者	各地新华书店
开　　本	880mm×1230mm　1/32
印　　张	6
字　　数	130 千字
版　　次	2025 年 6 月第 1 版
印　　次	2025 年 6 月第 1 次
定　　价	52.00 元

广告经营许可证　京西工商广字第 8179 号

中国经济出版社　网址 http://epc.sinopec.com/epc/　社址 北京市东城区安定门外大街 58 号　邮编 100011
本版图书如存在印装质量问题，请与本社销售中心联系调换（联系电话：010-57512564）

版权所有　盗版必究（举报电话：010-57512600）
国家版权局反盗版举报中心（举报电话：12390）　　服务热线：010-57512564

前言

相信很多人，尤其是从事销售工作的人员，都思索过这样一个问题：销售的本质究竟是什么？是巧舌如簧般堆砌话术，还是机械地复述产品特性；是不择手段地追逐订单数量，还是真心实意地帮客户排忧解难……答案林林总总，而其中多半属于对销售片面、浅层次的认知。

销售的本质宛如深埋于商业土壤之下的根基，绝不仅仅局限于表面的话术雕琢或生硬的产品推介，更不是以牺牲诚信、损害客户利益为代价去追逐订单。真正的销售，并非一场单纯的交易，而是一种价值的传递与情感的共鸣，这堪称销售最基本的底层逻辑。对于销售人员而言，倘若参悟不透这一点，便极易陷入职业瓶颈。

之所以有的人能站在销售的巅峰俯瞰众人，而有的人苦苦探寻各类销售技巧却屡屡不得要领，追根溯源，是二者销售理念存在差异，其销售的底层逻辑出了问题。

对销售人员来讲，能力固然重要，但更为关键的是掌握销售的底层逻辑。想要成长为一名顶级销售员，不能仅仅沉迷于学习各式各样的销售技巧，倘若没有清晰的底层逻辑加以指引，再多的技巧也只是无根之木。所以说，普通人热衷于学习技术、钻研方法，而顶级优秀的人才却在思索底层逻辑。

　　本书将拨开萦绕在销售领域的重重迷雾，直击销售的本质，揭示隐匿于表象之下的核心规律，助力销售人员打破思维定式，构建全新的销售思维框架，从根本上转变对销售的认知，进而实现业绩的飞跃式提升。全书从销售的本质、销售与情商的关联、销售中的自我认知、销售心理剖析、销售与客户痛点的解决之道、销售与思维逻辑的构建，以及销售的跃迁路径、销冠是怎样炼成的等多个维度进行深入探究。

　　爱默生曾言："方法，或许有成千上万种，甚至更多；而原理则截然不同，把握原理，你便能找到属于自己的方法；一味追求方法却忽视原理，最终只会陷入困境。"查理·芒格也说过："找到一个简单、基本的道理，然后严格地依此行事。"

　　本书的核心价值便在于此，它将协助销售从业者找到销售中万千"术"背后的那个"道"，即万千现象背后隐藏的底层逻辑。了解并掌握了这些基本逻辑，就能洞悉真正驱动销售的内在动力，并迅速找到契合自身的方法，从而在销售之路上实现快速跃迁。

目录

第一章 销售的本质，是价值交换

销售的双赢艺术：从交易到价值共创 …………… 002
销售的成功，源于对消费需求的洞察 …………… 005
销售的竞争是销售模式的博弈 …………………… 008
销售是卖产品，更是卖服务 ……………………… 011
销售，与其说是"卖"，不如说是"给予" ……… 014
销售中的关系 = 迎合力 + 信任力 + 利益 ……… 017
销售是短期交易，更是长期合作 ………………… 020
价值共生：帮客户赚钱，才能赚到客户的钱 …… 023

第二章 销售拼的不是技巧，而是情商

销售，说到底是和情绪打交道 …………………… 028
话题比话术更重要 ………………………………… 031
结果一定与情商匹配 ……………………………… 034
如何提升客户对你的好感 ………………………… 037
要学会与客户聊天 ………………………………… 040

要永远站在消费者立场 …………………………………… 043

千方百计让情感流动起来 ………………………………… 046

为客户提供更多情绪价值 ………………………………… 049

少一点煽情，多一点共情 ………………………………… 052

第三章　推销的是产品，更是自己

产品只是敲门砖，人，才是决定要素 …………………… 056

先展示自己，再展示商品 ………………………………… 059

一个销售员应有的硬性修养 ……………………………… 062

销售中的正面沟通五步法 ………………………………… 065

先做行家，再做卖家 ……………………………………… 068

先交朋友，后谈交易 ……………………………………… 072

第四章　销售不是打嘴仗，而是拼心理

成功的销售从心理开始 …………………………………… 076

不可不知的销售心理学效应 ……………………………… 079

利益不在于多少，而在于平衡 …………………………… 082

打好价格心理战的前提条件 ……………………………… 085

客户更喜欢的是自己被认同 ……………………………… 088

利用好消费者的"心理盲点" …………………………… 091

"底价"并非低价，而是最佳性价比 …………………… 094

第五章　销售不是搞定人，是解决用户痛点

不解决痛点，卖点再好等于零 …………………………… 098

针对客户痛点提供解决方案 …………………… 101
客户要的，你要刚好能给 ……………………… 104
做用户痛点的"创造者"和"解决者" ………… 107
用户不够"痛"，报价再低也嫌贵 …………… 110
挑货人才是真正的买货人 ……………………… 113
实现客户的价值最大化 ………………………… 116

第六章 成交靠的不是套路，是逻辑

东西难卖，是销售逻辑有问题 ………………… 120
成交背后的三个底层逻辑 ……………………… 123
三流销售纠缠客户，一流销售精挑客户 ……… 126
换套路不如换思路 ……………………………… 129
巧提问，让客户自己说服自己 ………………… 132
不要指望客户因感情买单 ……………………… 135
要学会用闭环思维做销售 ……………………… 138

第七章 销售层级跃迁背后的真相

赚钱的人，一定是会讲故事的人 ……………… 142
从"话术匠"到"心灵捕手" ………………… 145
可持续性销售背后的真相 ……………………… 148
线上线下融合，拥抱全渠道模式 ……………… 151
掌握和玩转流量密码 …………………………… 154
从种草营销上升到品牌建设 …………………… 157
深度成交：利他和自利的完美契合 …………… 161

第八章 销售精英的六项全能

善于发现自己的精准客户 …………………………… 166
敏锐判断 A、B、C 类客户 …………………………… 169
精准掌控成交的节奏 …………………………………… 172
踢好临门一脚，完美收官 ……………………………… 175
在细分赛道独占鳌头 …………………………………… 178
打造个人 IP，树立良好口碑 ………………………… 181

第一章

销售的本质，是价值交换

销售是一门追求双赢的艺术。要成为一名优秀的销售人员，先要成为对客户有价值的伙伴——在一场基于价值互换的深度沟通与合作之旅中，共同探索无限可能的价值新境界。

销售的双赢艺术：从交易到价值共创

提及"销售"一词，不少人内心深处会本能地涌起一股抗拒之意。究其缘由，是他们脑海中总会不自觉地浮现出那些喋喋不休、强行推销的推销员形象，以及自己过往被"软磨硬泡"、近乎"强迫"购买的尴尬窘迫经历。这些刻板印象的滋生，源于部分销售人员在工作过程中过度聚焦于产品本身的推销环节，却将客户内心真正的需求与细腻感受弃之不顾。

在许多人狭隘的认知里，销售仅仅等同于一场机械、冰冷的单纯交易。于是，为了快速达成销售目的，他们不惜动用死缠烂打、夸大其词等令人反感的手段，硬生生地使销售过程充满了浓烈的功利性与压迫感。真正意义上的销售是基于对客户需求的深度洞察所进行的一场价值传递之旅，是与客户携手并肩、共同探寻问题解决方案的合作征程。简而言之，销售本质上是一种平等且互利的价值交换行为，是一门矢志追求双赢局面的精妙艺术。销售人员肩负的使命绝非仅仅把产品脱手卖出去这般简单，更为重要的是将产品蕴含的深层价值传递给客户，让客户由衷地感受到"物超所值"，甚至收获"意外惊喜"。

环顾商业版图，任何一家功成名就的企业，其背后的产品或服务必然精准锚定并满足了某种切实存在的市场需求，有效化解了客户痛点。而活跃在市场前沿的销售人员，恰恰扮演着连接企业与客户的关键桥梁的角色。他们绝不仅仅是产品的"搬运工"，更是价值的"翻译官"。这意味着他们需要练就一双慧眼，敏锐洞察客户的需求，深刻理解客户的痛点，能够将产品的独特价值与客户内心的渴望巧妙精准地对接并融合。

不妨以保险销售领域为例，一名出色的保险销售员绝不只是单调地推销保险产品本身，其核心要义在于向客户传递关乎"保障"的深层价值。在此过程中，他必须全方位了解客户的家庭结构、财务收支状况、风险承受能力等关键信息，进而为客户量身定制个性化的保险方案。对于成功的保险销售员而言，评判其成就的关键指标从来不在于"卖出保单的数量多寡"，而是聚焦于"切实帮助了多少家庭成功规避风险"。如此一来，客户收获了安心的保障，销售员达成了业绩指标，双方皆大欢喜，各取所需，这无疑是双赢理念在保险销售场景中的生动映照。

再将目光投向餐饮行业，一家餐饮企业的服务员所承担的职责远不止协助顾客点餐、上菜等基础操作。他们实则是商家形象的直接展示窗口，其热情周到、细致入微的服务态度，能够让顾客仿若归家，沉浸于宾至如归的温馨氛围，全方位提升顾客的用餐体验。从这个互动链条来看，一方面顾客尽情享受了美味佳肴与优质服务带来的愉悦感，另一方面商家借此赢得了良好的口碑与稳定的客源，同样实现了双赢的良性循环。

由此可见，销售的本质是一门追求双赢的艺术，是一种构筑于相互理解与价值交换基石之上的深度合作关系。具体剖析，这种关系落地呈现于以下三个关键维度：

其一，价值创造。销售人员在业务场景中应当化身专家顾问，依托自身日积月累沉淀的专业知识和丰富多元的实战经验，为客户悉心出谋划策。例如协助客户优化生产流程，巧妙削减成本、提升效率；或是凭借专业视角为客户产品质量的进阶建言献策；或是为客户指明开拓全新市场的可行路径。这些实打实的助力皆是客户能够真切感知、触摸得到的价值红利。

其二，利益共享。销售人员倾尽全力为客户创造价值，这绝非毫无回报的单向付出。当他们助力客户优化业务流程，成功降低成本、提升效率之际，自身的销售业绩大概率会迎来大幅攀升。伴随业绩长虹，个人收入自然也会水涨船高。不仅如此，在公司内部，领导也势必将其卓越表现看在眼里、记在心上，诸如销售主管、区域经理等晋升机遇说不定哪天便会幸运降临。这便是在销售进程中，与客户携手实现利益共享所衍生出的切实利好，双方均能斩获颇丰，达成共赢局面。

其三，共同成长。倘若销售人员用心经营，与客户之间的关系便能如同亲密挚友般深厚。双方时常保持高频、深度的沟通交流，无论是电话两端的畅所欲言，还是面对面的思维碰撞，都毫无阻隔之感。一旦迎来合作契机，彼此间的默契程度与信任指数更是直线飙升。在此过程中，客户能够从销售人员处汲取有关销售技巧、市场洞察等方面的知识养分，而销售人员同样能从客户的反馈与交流中更加深刻地洞悉客户心理，实现双向赋能成长。

总而言之，销售绝非简单的商品交换行为，其核心要义聚焦于价值的精心创造与精准传递，终极目标是与客户携手达成双赢格局。当销售人员真正吃透并躬身践行双赢理念时，他们的角色将实现华丽蜕变，不再是遭人厌烦的推销员，而是进阶为客户信赖的专业顾问、知心朋友，甚至是相伴人生旅程的可靠伙伴。

从这一深远意义出发，成功的销售是矗立在相互尊重、相互信任坚实根基之上的宏伟大厦，它是一门艺术，更是一种超凡脱俗的境界。故而，与其刻板地将销售定义为"卖"，不如诗意地将其理解为"给予"。给予客户货真价实的价值，给予客户雪中送炭的帮助，最终瓜熟蒂落，成功拥抱双赢硕果，这才是销售的至高境界。

销售的成功，源于对消费需求的洞察

你是否思考过这样的问题：为何有些产品畅销热卖，而有些却乏人问津？为何有些销售人员业绩出众，而有些却四处碰壁？答案只有一个，那就是：是否洞悉消费需求。

洞悉消费需求，不但是商业的根基，更是所有成功销售人员的制胜法宝。它并非单纯的市场调研，而是深入消费者内心，把握他们的渴望、焦虑与梦想，进而精准地让产品或服务与他们的需求无缝对接。

在当下这个信息爆炸的时代，形形色色的商品充斥视野，消费者的选择日益繁多。然而，真正能抓住消费者目光的，并非那些酷炫的高科技产品，而是切实满足他们需求的产品。一位高水平的销售人员，宛如一位出色的猎手，不会盲目地广撒网，而是精准锁定目标，一击即中。这里的"目标"，便是消费者的需求。

所谓消费者需求，指的是个体或群体基于自身需要，对商品和服务的需求与渴望，它是消费者购买行为的内在原动力。马斯洛的需求层次理论已向我们揭示：人的需求呈层次分布，从最基础的生理需求（衣食住行），到安全需求、社交需求、尊重需求，最终抵达自我实现需求。成功的销售人员往往能够精准锚定目标消费者所处的需求层次，并提供对应的解决方案。

对于那些还在为满足生理需求拼搏的消费者，销售者通常需提供性价比高、实用性强的产品。例如，面向低收入群体推出经济实惠的日常用品组合，涵盖平价食品、简易耐用的家居用品以及低价住房租赁信息推荐等，切实解决他们生活中的基本刚需。

面对看重安全需求的消费者，销售者须着重强调产品的质量安全保障及售后服务的可靠性。比如，在销售家用安保系统时，要详细介绍其先进的监控技术、快速的报警响应机制以及长期稳定的维护服务，让消费者感受到居住环境的安全无虞。

对于处于社交需求层面的消费者，具备社交属性的产品更易打动他们。像一些主打社交互动的健身课程，不但能让消费者拥有锻炼身体的空间，还能在锻炼过程中结识志同道合之人，拓展社交圈子；或是推出家庭亲子旅游套餐，满足家庭成员共同出游、增进亲情交流的需求。

针对渴望尊重需求的消费者，定制高端产品或提供专属会员服务是良策。例如：提供私人定制服装，从面料挑选到款式设计皆独一无二，让消费者在穿着时尽显尊贵；或是提供高级俱乐部会员服务，享受专属设施与优先待遇，彰显其特殊社会地位。

倘若面对追求自我实现的客户，便可为他们提供助力梦想、挖掘潜力的产品。比如，为画家、音乐家等创作者提供专业艺术创作工具，或是为渴望提升自我、突破职业瓶颈的人提供高端教育培训课程，助力他们在各自领域追求卓越，实现自我价值最大化。

唯有深入理解并贴合消费者的需求层次，销售才能顺理成章，达成消费者与销售者的双赢局面。那么，怎样才能快速精准洞悉消费者当下的现实需求呢？常用方法主要有以下几种：

1. 观察法

观察消费者的行为是最直接的途径。可在销售场所，如商店、展厅等地，或者在消费者试用产品的实际场景中对其进行观察。例如，某连锁咖啡店计划推出一款新咖啡杯。他们安排员工在店内留意顾客使用咖啡杯的习惯。员工发现，许多顾客购买咖啡后会直接手持杯子离开，且常常需单手拿着手机或其他物品。基于这一观察，咖啡店设计出一款带有便捷提手、杯身具备防滑设计的咖啡杯，方便顾客单手拿取。这款咖啡杯面市后，广受顾客欢迎，因为它切实迎合了顾客在实际使用场景中的需求。

2. 访谈法

与消费者面对面或通过电话访谈，能够深入了解他们的想法、感受与需求。访谈既可以"结构化"进行，即依照事先拟定的问题提问，也可以"非结构化"进行，也就是围绕一个主题自由交流。

例如，一家美容护肤品牌打算开发新系列产品。他们邀请了部分老顾客进行访谈。访谈中，顾客表示期望有一款既能保湿又能抗氧化，且适合各类肤质的精华液。品牌方依据这一需求，研发出一款多功能精华液，产品推广时重点突出顾客提到的几个特性，产品一经推出便吸引大量消费者购买。畅销的根源就在于产品是依据消费者需求研发的。

3. 数据分析法

通过收集并分析消费者在购买产品、浏览网站、使用移动应用等过程中产生的数据，来洞察消费者需求。收集数据时，不仅要涵盖交易数据，如购买的商品种类、价格、数量、时间等，还应囊括行为数据，诸如在网站上的停留时长、点击的页面链接顺序、搜索的关键词频率等，以及消费者在移动应用里的使用路径、功能使用偏好等信息。经由对这些海量繁杂的数据的系统梳理与深度剖析，能够较为精准地勾勒出消费者的行为画像。

洞悉消费需求，绝非一蹴而就之事，它要求销售人员具备敏锐的观察力、深刻的领悟力以及持续改进的能力，唯有如此，才能真正走进消费者的内心世界，并精准地将产品或服务递送到他们手中。

销售的竞争是销售模式的博弈

从一定层面来看，企业间的竞争归根结底是一场销售模式的较量，是关乎如何更高效地触达、说服并牢牢留住客户的战争。这绝非仅仅局限于产品功能的比拼，更是商业模式、营销策略以及客户体验等多方面的综合角逐。最终的胜者，未必拥有最为强大的产品，却往往手握最具竞争力的销售模式，能够将产品以价值最大化的方式传递给目标客户。

传统的竞争理念大多聚焦于产品自身：更卓越的性能、更亲民的价格、更吸睛的设计。然而在当下，这般单纯的产品竞争已然显得有些乏力。如今的消费者不再仅仅将目光锁定在产品本身，他们越发关注产品所承载的价值、带来的体验以及建立的情感纽带。也正因如此，销售模式的构建已然成为销售工作的关键所在。

以拼多多为例，其精准锁定了对价格敏感、追求性价比的庞大消费群体，尤其是三四线城市及农村市场的消费者。拼多多创新性地推出团购模式，凭借低价优势吸引消费者主动分享链接、邀请好友组团购买，借助社交网络的强大力量，实现了用户数量的迅猛裂变增长。在供应链管理层面，拼多多直接与众多中小厂家携手合作，通过大规模集采压低成本，确保产品即便售价低廉，仍能维持一定的质量水准。正是这种别具一格的销售模式，使得拼多多在竞争白热化的电商市场中崭露头角，迅速积攒起庞大的用户根基，在短短几年间成长为电商行业的巨头。

诸多成功范例皆有力佐证了销售模式在竞争格局中的核心地位。事实充分表明，一个行之有效的销售模式，绝非单一要素的简单堆叠，而是多维度协同发力的结果。

1. 渠道策略

企业选择触达目标客户的渠道举足轻重。在线上渠道方面，电商平台营造了便捷的交易场景，社交媒体助力精准信息传播，内容营销则凭借知识储备吸引流量汇入。线下的实体门店能够给予消费者直观的体验感受，经销商网络有助于拓宽市场广度，直销团队可深化与客户的联系。而全渠道策略能够整合线上线下的双重优势，依据目标客户的特性与产品特质，审慎权衡成本、效率以及覆盖范围，进而实现精准布局。

2. 定价策略

定价绝不仅仅是基于成本的简单累加，更是产品内在价值的直观映照。成本加成定价确保了基本利润的获取，价值定价依据消费者的认知水平锚定高价，竞争定价参照对手动态灵活调整，差异化定价则针对多元因素加以区别对待。巧妙运用各类定价策略，能够凸显产品的独特魅力，强化市场竞争力，优化企业的盈利架构，助力企业在商海博弈中抢占先机。

3. 品牌塑造

品牌是连接企业与消费者的坚固桥梁，它承载着企业的核心价值与文化理念。精准的品牌定位能够明晰市场坐标，动人的品牌故事能够拨动消费者的情感心弦，独特的品牌形象能够留下深刻印记。长期悉心雕琢品牌，可赋予产品非凡的溢价空间，培育出忠诚的消费群体。让品牌成为消费者心中永恒的首选，企业就能在激烈的竞争中稳稳占据一席之地。

4. 客户体验

客户体验贯穿于产品销售的全过程。在售前咨询环节，倘若客服人员能够迅速回应客户的疑问，提供精准且详尽的产品信息，便能让客户对产品心生好感。在购买过程中，无论是线上购物平台操作简便流畅、付款便捷安全，还是线下门店环境宜人、导购热情周到，都能让客户心情舒畅。进入售后服务阶段，及时处理产品的维修、退换货诉求，主动回访了解使用情况，这些环节同样不可或缺。当客户在这一系列流程中都得到了优质的服务体验，他们便会感到满意，进而更乐意再次选购，还会向身边的亲友推荐。

5. 销售团队建设

企业若想迈向成功，一支卓越的销售团队必不可少。销售人员须具备专业素养，对所售产品的各项细节了如指掌，如此在向客户介绍时方能底气十足。他们还应善于沟通交流，精准洞悉客户的心思，将产品的优势讲解透彻。服务意识同样不可缺位，要真心实意地协助客户解决问题。此外，企业还应设立良好的激励机制，诸如多劳多得、表现优异给予奖励等，以此激发销售人员的工作干劲。团队管理也要同步跟进，做到分工明晰，成员相互协作，定期组织培训学习，提升团队整体效率，为企业创造更为可观的业绩。

在商业的浩瀚海洋里，竞争的本质归根结底是对价值的争夺。各个企业、销售团队都在竞相为客户呈献更好、更实用、更独特的产品或服务，谁能将价值精准递送至客户手中，谁便能在竞争中抢占更多赢面。而销售模式，恰恰就是输送这些价值的关键路径。销售人员务必认真揣摩目标客户的真实需求，后者是更倾向于价格实惠，还是执着于品质超凡，抑或是看重服务的贴心入微。唯有洞悉这些关键要点，方能精心雕琢出契合自身的销售模式。

销售是卖产品，更是卖服务

销售，绝不仅仅是把产品从货架递到客户手中；销售员，也非单纯的"卖货郎"。产品作为销售的依托，是满足客户需求的物质根基。现实已然证明，在市场竞争高度同质化的当下，仅仅凭借产品自身的优劣，已然难以斩获市场份额。

换言之，一次成功的"售卖产品"的历程，务必要让客户体悟到产品的价值，这一价值不单单体现在产品本身的性能、外观层面，更在于它能够化解客户的何种难题，契合客户的哪些需求，乃至如何提高客户的生活品质。而这些，离不开精准的市场定位、行之有效的沟通技巧，以及对产品深入透彻的理解。试想，一位只会刻板介绍产品参数的销售员，相较于一位能依据客户需求，将产品与客户生活精妙融合的销售员，谁更胜一筹？答案不言自明。

诚然，仅仅"售卖产品"是远远不够的。出色的销售员，既是在兜售产品，与此同时更是在"营销服务"。此处所言的"服务"，绝不仅仅涵盖售后维修、退换货等基础性流程服务，而是涉及更深层次、全方位的客户体验管控，囊括了售前咨询、售中沟通、售后维护等全部环节，形成一个完整闭环。

譬如，你曾在某家小餐馆就餐。餐馆规模不大，甚至略显简陋，可老板娘的服务令人印象深刻。她不仅热忱地推荐菜品，细致入微地问询你的口味喜好，甚至还依照你的用餐速度，恰到好处地安排上菜顺序。结账之际，老板娘还主动赠送一杯自制甜汤，并诚挚邀约"下次再来"。这些体验下来，你或许就会萌生这般感受：在此处享用的不单是美食，更是贴心周到的服务。此后，你极有可能向朋友推荐这家餐馆。

再着眼于一家知名企业的实例。苹果公司，其产品售价并非最低，但其用户黏性却超乎寻常的高。这与它完备的售后服务体系、便捷高效的维修途径，以及持续不断的软件更新紧密相连。苹果公司的"服务营销"，彰显于其对用户体验的极致追求，对产品品质的严苛把控，以及对客户反馈的踊跃回应。它售卖的不单是手机、计算机等产品，更是一种精致考究的生活范式，一种高端卓越的用户体验。

销售的终极指向是构筑长期稳定的客户关系，而服务则是搭建这一关系的核心要素。那么，究竟如何在售卖产品的同时，更为出色地将服务推销出去呢？不妨从以下几方面着力：

1. 真诚的态度：筑牢信任根基

销售人员切忌仅停留于言语上的动听，更需在实际作为中彰显诚意。例如，在与客户交流时，耐心聆听客户的想法与诉求，切勿随意打断；及时回应客户咨询，绝不让客户空等；面对客户的质疑与不满，不推诿塞责、不敷衍了事，而是积极主动地化解难题。唯有真心实意地对待客户，方能赢得客户的敬重与信赖，为构建长期关系铺就基石。

2. 专业的知识：优质服务的坚实后盾

销售人员必须对所售产品的特性、功能、使用方式等熟稔于心，明晰产品在行业内所处地位，知晓其优势与短板。与此同时，还需深入洞察客户需求，清楚客户购置产品旨在解决何种问题，是为提升工作效率，还是为改善生活品质。具备这些专业素养储备，才能在客户面前阐释明晰、建议中肯，为客户呈献可靠的提议与优质的服务，让客户深感找对了人。

3. 个性化的服务：适配多元客户需求

众人皆不喜千篇一律、毫无新意的服务模式，因而，销售人员需用心去探知不同客户的特殊诉求，诸如有些客户看重产品外观，有些客户关注售后服务响应时效。针对这些差别，量身定制个性化的服务策略。对于侧重外观的客户，可多介绍产品的设计精妙之处与定制化可选项目；对于在乎售后的客户，则需详尽阐释售后服务的流程与保障机制。如此一来，客户便能真切感知到自己备受重视、得到尊重，自然而然也就更乐意与企业长期携手合作。

4. 持续的改进：让服务不断"进阶"

市场瞬息万变，客户需求也处于动态变化之中，服务自然不能墨守成规。企业需定期收集客户反馈，洞悉客户对现有服务的满意度，以及萌生的新期望。依据这些信息，调适服务内容，优化服务流程，提升服务质量。唯有如此，方能紧跟市场变化的节奏，满足客户日益更迭的需求，使企业和客户关系始终稳固如初，达成长期合作的愿景。

归根结底，销售是一场价值的互换、一次情感的交融。"售卖产品"是根基，"营销服务"是要害，两者相辅相成，缺一不可。唯有将产品与服务精妙融合，方能切实触动客户，搭建起长期稳固的合作关系。

销售，与其说是"卖"，不如说是"给予"

在传统的商业观念中，销售常常被理解为一种单向的"推销"行为，强调的是"卖"的过程。然而，在信息时代，消费者日益成熟，这种单向的"推销"模式已逐渐失效。成功的销售，与其说是"卖"，不如说是"给予"——给予客户价值，给予客户解决方案，给予客户美好的体验。这是一种双向互动，是基于理解和共赢的价值交换。

"卖"的思维模式，往往关注的是如何将产品快速推销出去，强调的是交易本身，而忽略了客户的需求和体验。这种模式在产品过剩、信息透明的时代，将会遭遇越来越大的挑战。

"给予"的思维模式，强调的则是价值创造、传递，以及和客户良好关系的建立。它关注的是客户的痛点，致力于为客户提供真正有价值的解决方案，并建立长期的合作关系。这种模式的核心在于理解和共鸣，而非简单地推销。

总之，"给予"的底层逻辑是建立在价值交换的基础之上的。那么如何"给予"呢？当然不是简单的施舍，而是建立在深刻理解客户需求基础之上的、多层次的价值传递。具体来说，体现在以下四个方面。

1. 给予产品

这是销售的根基所在。销售人员务必对所推销产品的各项特性和独特优势了如指掌，如产品的材质、功能、性能指标等，要了解得一清二楚。但这仅仅是个开端，关键在于能否把这些产品的特点与客户的实际需求进行精准对接。例如，当了解到客户是一位经常出差的商务人士，那么就着重介绍那些有便于携带、续航能力强或者有利于提升办公效率功能的产品，让客户切实感受到产品对自己有用。这一步虽然基础，但如果做不好，后续的销售环节都难以开展。

2. 给予解决方案

推介不能仅仅局限于产品本身，而要着眼于客户面临的整个问题情况，提供全面且有针对性的解决方案。这就要求销售人员具备深厚的专业知识和出色的解决问题的能力。以一家办公设备销售商为例，商家不仅要向企业推销打印机、复印机、传真机等设备，还要深入了解企业的办公流程、人员规模、文件处理量等具体情况，根据不同的企业规模和文件处理量等因素，灵活调整方案细节。如果企业规模较大且文件流转频繁，要为其规划一套或多套包含多台不同功能设备的组合方案，同时提供设备之间的网络连接设置、使用权限管理、定期维护保养计划以及对企业员工的操作培训等全套服务，真正解决企业在办公文档处理方面的难题。

3. 给予体验

优秀的销售人员会致力于为客户打造卓越的购买体验。在沟通环节，他们以专业的素养耐心解答客户的每一个问题，使用通俗易懂的语言，让客户轻松理解产品信息。在服务过程中，根据客户的不同需求提供个性化服务，如为老年客户提供更细致的操作演示，为年轻时尚的客户介绍产品的潮流元素。同时，整个销售流程要保持高效便捷，减少客户的等待时间和烦琐手续。这样一来，客户在购买过程中会充分感受到尊重、理解与关怀，其满意度和忠诚度自然会得到提升。

4. 给予关系

这是销售中"给予"的至高境界。它需要销售人员把眼光放长远，持续关注客户的动态和需求变化。即使在销售完成后，仍要定期回访，了解顾客使用产品的情况，及时解决出现的问题。当客户有新的需求或者遇到问题时，积极提供支持和服务，就像客户的专属顾问一样。

一家软件服务提供商，在为客户提供初始软件安装和培训后，会持续跟踪客户使用过程中的数据反馈，根据行业变化和客户业务拓展需求，为客户提供软件升级建议、新功能开发方案等。通过这种长期的互动与合作，与客户建立起稳固的信任关系，成为客户信赖的合作伙伴，最终达成双赢的美好局面，让企业与客户在长期的合作中共同成长、共同受益。

"给予"不仅仅是一种销售策略，更是一种商业哲学，它强调的是企业的长远发展，以及和客户的共赢合作，最终实现企业的可持续发展。当销售被视为"给予"，便超脱了简单的交易范畴，成为一种对他人生活积极介入并助力完善的行为。在未来的商业竞争中，那些能够真正理解客户需求，并给予客户真实价值的企业和销售人员，将会有更大的竞争力。

销售中的关系 = 迎合力 + 信任力 + 利益

销售不等于产品推销，它是一场关系的博弈，一场人心的攻防战。其中的关系可用公式概括：销售中的关系 = 迎合力 + 信任力 + 利益。这三个要素缺一不可，像三条互相支撑的腿，共同撑起销售这座大厦。

下面拆解公式中的每个要素。

1. 迎合力：读懂人心，知己知彼

"迎合力"并非阿谀奉承，而是指在尊重对方基础上，精准把握客户需求和心理，进而调整沟通方式和销售策略，这要求销售人员具备极强的洞察力和同理心，能快速判断客户性格、喜好及潜在需求。

比如，面对性格内向、做事谨慎的客户，销售应采用细致入微、循循善诱的交流方式，而非热情奔放、咄咄逼人的推销手段；面对性格外向、做事果断的客户，则适宜采用更直接有效的沟通方式，快速抓住其注意力。这如同精心设计的"心理战"，销售人员需了解客户以制定策略。

再如，某销售员推销高端定制西装时，未直接介绍产品材质、工艺等参数，而是先与客户深入交流，了解其工作性质、生活习惯、穿着品位和要求，通过细致观察和倾听准确把握其需求，进而推荐最适合的款式和面料，该销售员并非单纯售卖服装，而是提供契合客户生活与身份的形象塑造方案，这正是"迎合力"的体现。

2. 信任力：筑牢销售关系的根基

让客户有好感只是踏入销售大门的第一步，还需努力与客户建立信任关系。售卖不同价值商品所需构建的信任程度差异很大，如卖二斤猪肉与推销两百万元的法拉利跑车，所需信任程度天差地别。

销售过程中的信任涵盖对产品的信赖、对企业的信任以及对销售人员自身的信任三个层面，且呈递进关系，其中对销售人员自身的信任最为关键。

需强调的是，销售中的信任并非要与每个客户都结成挚友，这既不现实，成本也高，若有人执意如此，那只是其个人交友准则，不应硬放进销售理念。

构建与客户的信任关系主要有以下四个要点：

（1）好的职业形象：职业形象并不局限于西装革履，而是从事什么行业就应有相应外在模样，行为举止合乎身份。卖猪饲料的打扮成朴实劳动人民模样较合适，销售飞机的则要有商业精英派头，这是初步赢得客户信任的根基。

（2）专业性强：专业性不仅指熟知自家产品与技术，更要对所在行业和企业有深刻了解与洞察，让客户觉得你是行家里手。

（3）建立共同点：要和客户找到共同兴趣爱好，顺着客户喜好来。比如：客户喜欢钓鱼，你最好也能谈钓鱼；客户热爱足球，你最好了解世界杯。此外，通过熟人介绍建立联系也属此类。

（4）展现诚意：很多人不清楚，仅靠看似"老实"的脸或不自然的笑容无法真正获取客户信任。展现诚意的唯一方法是切实关心客户利益，真心实意关注客户利益，在客户眼中你就是靠谱好人，反之则会被视为心怀不轨的骗子。

3. 利益：价值交换，互利共赢

利益是驱动销售的根本动力，但不只是单纯的金钱利益，而是指交易双方都能从中获得各自所需利益，包括客户获得产品或服务带来的利益，销售人员获得佣金或其他回报。

成功的销售建立在互利共赢基础上，销售员要让客户感受到产品或服务的真正价值，而非简单商品交换。例如，保险销售员若能帮客户规划好保险方案，让客户体会到保险的意义和价值，就更易让客户认可与购买，同时也能获得相应佣金；而只为佣金忽悠客户购买不适合产品的销售员，最终会失去客户信任，损害职业声誉，终结销售之路。

总之，销售中的关系并非简单的加减法，而是三者相互作用、相互影响的结果。只有将"迎合力""信仕力"和"利益"完美结合，才能与客户建立稳固的关系，最终实现销售成功。

销售是短期交易，更是长期合作

一个不称职的销售员，常常会做一锤子买卖，赚了钱便以为万事大吉。他们目光短浅，仅仅着眼于当下获取利益，将销售单纯视为物品与金钱的即时交换。实际上，销售绝不只是短期交易，而应是精心耕耘的长期合作。

诚然，许多销售行为呈现为一次短期交易，销售员需要完成目标、达成业绩。但优秀的销售人员不会就此满足，他们更加注重与客户构建长期合作关系，力求让每一次交易都成为未来合作的基石。这就如同播下一颗种子，短期内或许能收获些许果实，然而更为关键的是，这颗种子能否生根发芽，成长为参天大树，进而带来持续的丰收。而这颗种子，正是销售人员与客户建立的长期合作关系。

为了更透彻地理解其中蕴含的商业逻辑，我们不妨从以下几个角度深入探究：

1. 客户生命周期价值 (CLTV)

这是一个至关重要的营销概念，它着重强调客户在整个生命周期为企业创造的总价值，而非单次交易的利润。一位长期客户，能够带来源源不断的订单、口碑推荐，以及潜在的交叉销售与向上销售契机。与其煞费苦心寻觅新客户，不如用心经营好现有的客户群体，使其成为企业持续发展的强劲动力源泉。

例如，一家咖啡馆，倘若只看重单次交易的利润，或许会为了增加盈利而降低咖啡豆的品质，或是抬高价格。但长此以往，必然会损害顾客的消费体验，最终导致顾客流失。反之，一家注重长期效益的咖啡馆，则会着重提升咖啡豆的品质，为顾客呈献优质的服务，还会借助会员制度、积分奖励等手段，与顾客建立起长期稳定的关系，进而获取更高的客户生命周期价值。

2. 关系营销

关系营销并不等同于简单的客户关系管理（CRM），它更侧重于情感联结、价值共创以及个性化服务。优秀的销售人员，会将客户当作合作伙伴，而不仅仅是交易对象，进而与客户建立起深厚的情感纽带。

譬如，一位销售医疗器械的业务员，不但要能够娴熟地介绍产品的功能与适用性，更要依据客户的实际状况，量身定制个性化的解决方案。同时，还需定期回访客户，了解他们的需求与反馈，并及时给予技术支持与售后服务。唯有如此，方能与众多客户构筑稳固的合作关系，成为他们信赖的合作伙伴。这便是关系营销的实战范例。

3. 口碑效应

在当下这个信息透明的时代，口碑的影响力不容轻视。一位满意度高的客户，往往会成为商家最得力的宣传员，他会自发地向周边人群推荐商家的产品或服务。而一位满意度低的客户，则极有可能带来负面口碑，对商家的品牌形象造成冲击。一个典型的例证便是苹果公司。苹果公司的产品并非完美无缺，但其强大的口碑效应，使其在竞争白热化的市场中稳占一席之地。这与其对用户体验的极致追求和完备的售后服务体系紧密相关。

4. 成本效益

从成本效益层面审视，获取新客户的成本通常远高于维护现有客户关系的成本。在短期交易模式下，企业需要持续投入大量资源用于市场推广、广告宣传等活动以吸引新客户，却忽视了对已有客户资源的深度挖掘与利用。而长期合作模式侧重于维护与培育现有客户关系，通过提供个性化服务、专属优惠等举措，提升客户满意度与忠诚度，进而降低客户流失率。如此一来，企业便能对有限的资源进行更为合理的优化配置，削减不必要的市场开拓成本，提升整体运营效率与盈利能力。

5. 产品迭代

市场环境与客户需求始终处于动态变化之中。短期交易或许会使企业受限于现有产品或服务的一次性销售，而长期合作则要求企业与客户保持密切的沟通与联系。凭借这种互动，企业能够及时洞悉市场趋势和客户需求的演变，从而更高效地推进产品迭代与创新，以顺应市场变化，维持竞争力。

例如，软件公司与企业客户建立长期合作关系后，会定期收集客户在使用软件过程中的意见与新需求，依据这些信息适时推出软件更新版本，或是开发全新的功能模块，既满足了客户持续发展的业务需求，又确保了公司产品在市场中的领先地位，保障了双方合作关系的持久稳固。

综上所述，作为销售员，务必要深刻领会长期合作的真谛，并让每一次交易都为未来的合作筑牢根基。这根基，是信任，是价值，是孕育长期合作的种子。用心播种，必然收获累累硕果！

价值共生：帮客户赚钱，才能赚到客户的钱

许多销售人员从入行那一天起，就深深地陷入一个误区：专注于练习口才，喋喋不休地向客户介绍产品的性能参数、优惠活动，却忽略了产品对客户的真正价值。他们试图通过各种话术来"说服"客户购买，却忘记了销售的本质是"帮助"客户解决问题。

一个优秀的销售人员，更注重从客户的角度出发，思考产品如何帮助客户解决问题、提升效率、创造价值。他会深入了解客户的需求和痛点，并提供定制化的解决方案，助力客户实现目标。因此，他并非在单纯地推销产品，而是在"给予"方案，在"输出"价值。

以电商平台上的一些成功卖家为例，他们深知仅仅将商品陈列上架，等待顾客上门购买是远远不够的。在某平台有一家专门销售手工饰品的小店，店主并未把精力单纯放在饰品的款式设计和价格竞争上。他发现很多买家购买饰品不仅是为了自己佩戴，还有一部分人是想通过转卖来赚取差价。于是，店主精心打造了一系列针对"兼职卖家"的服务，为这些买家提供可定制的包装服务，让他们能够轻松地将饰品二次包装成精美的礼物；同时，还提供了详细的饰品搭配方案和销售话术，甚至开设了线上小课堂，分享饰品销售的经验和技巧，即如何在社交媒体上进行有效的推广、怎样与顾客建立良好的沟通关系等。

通过这些举措，买家们在转卖饰品的过程中获得了更多的利润，而这家小店也因买家们的大量采购和口碑传播，生意蒸蒸日上。店主明白，只有帮助买家在销售饰品的过程中赚到钱，自己的店铺才能获得更多的订单和收益。

虽然都说生意不好做，但不论在哪个行业，类似这样赚钱的生意还是有很多的。深入分析其成功的原因会发现，成功的销售员或企业都会将重心放在帮助用户创造价值上，即"先帮用户赚钱，再赚用户的钱"。其背后的核心商业逻辑是：价值共生。

在传统的销售观念中，商家与用户之间的关系往往被看作简单的买卖关系，商家的目标是将产品或服务推销出去以获取利润，而用户的目标则是获得产品或服务的使用价值。然而，在现代商业社会中，这种关系已然发生了深刻的转变。成功的销售不再是一场零和博弈，而是要与用户建立起一种相互依存、相互促进的价值共生关系。当商家能够帮助用户创造价值、增加收益时，用户就会更加认可商家的产品或服务的价值，并且愿意为之付费，从而实现双方的共赢。

这一商业逻辑也符合市场规律和人性需求。在市场经济中，用户的消费决策往往基于对自身利益的考虑。如果他们能够预见到购买某一产品或服务能够为自己带来更多的经济回报，就会更有动力去重复这样的行为。从人性的角度来说，人们都希望与那些能够给自己带来利益和帮助的人或企业建立长期的合作关系。当商家能够成为用户赚钱路上的助力者时，用户就会对商家产生信任和依赖，这种情感纽带会进一步促进销售的达成和持续。

在现实的销售实践中，如何做到与用户价值共生呢？需做到以下关键三点：

1. 完成角色转变：从产品推销员变为合作伙伴

传统的产品推销员往往只是机械地将产品或服务推给客户，一心想着促成交易、获取提成。要真正做到"帮客户赚钱"，就必须彻底摒弃这种短视的角色定位，将产品推销员的身份转换为客户的合作伙伴。这意味着要与客户站在同一战线，深入了解他们的业务全貌、面临的挑战与机遇，进而帮助其达成目标。例如，对于一家为餐饮企业供应食材供应的销售商来说，不能仅仅把食材卖出去就了事，而是要像餐饮企业的合伙人一样，去研究其菜品特色、顾客群体的口味偏好、成本控制目标以及市场竞争态势。通过这种深度的了解，才能为餐饮企业精准提供合适的食材种类以及解决方案，从而助力餐饮企业打造出更具吸引力的菜品，提高顾客满意度和客流量，进而实现盈利增长。

2. 提供定制化解决方案：摒弃千篇一律的产品或服务

每个客户都是独一无二的，其所处的行业、市场环境、经营模式以及发展阶段都存在差异，所以标准化的产品或服务很难满足他们的特定需求，更难以助力他们赚钱。比如，新兴互联网创业公司扩张期注重协作与云端便捷，传统制造业企业则聚焦生产流程管理与数据安全本地化，不合适的产品或服务会致使前者效率受阻、后者有安全隐患与适配难问题。唯有精准洞察客户特性，提供针对性定制，才能为其开辟赢利路径，共享成功。

3. 持续提供支持：巩固合作关系，实现合作共赢

交易的完成绝不是终点，而是新的起点。持续提供支持是巩固与用户合作关系，实现双方共赢的关键环节。例如，对于一家为企业提供办公软件系统的销售商，在帮客户完成安装后不能放任不管，要提供进阶培训、故障问题解决或升级快速响应机制、优化产品和服务建议与新功能等方案，企业遇市场变化或转型时给予战略咨询与情报支持，持续助力企业赢利，从而实现双方价值共生与成长。

　　帮客户赚钱，是一种销售的智慧，更是一种商业的胸怀。它要求商家跳出狭隘的短期利益视角，站在客户的长远利益和整体利益的角度去思考和行动。当我们将客户的成功视为自己的成功，将客户的赚钱之路视为自己的赢利之道时，也为自己打开了财富之门。

第二章

销售拼的不是技巧，而是情商

销售绝非单纯的技巧秀。在每一次与客户的邂逅中，销售人员的情商都是那股悄然左右局势的无形力量——许多时候，销售战场的输赢，就是情商高低的较量。

销售，说到底是和情绪打交道

在很多人眼中，"销售"是磨嘴皮子的活儿，或是凭借花言巧语说服消费者掏钱的营生。这是对销售极大的误解。说到底，销售是在和情绪打交道。作为销售员，要知道卖的不是产品，是希望；解决的不是问题，是焦虑；赢得的不是订单，是信任。那些看似高深莫测的销售技巧，其实都源于对人性的精准把握，源于对情绪的巧妙操控。

试想，什么时候最容易掏钱包？是不是心情愉悦、感觉被重视，或被某种渴望强烈驱动时？反之，心情低落、疑虑重重，或感到被轻视时，是不是对推销敬而远之？

这就是销售的真相：并非冰冷的交易，而是充满人情味的心理博弈。成功的销售高手，从来不是"话术大师"，而是"情绪大师"。他们洞察人心，掌控节奏，巧妙引导客户情绪，最终达成交易。

一些新人刚做销售时，认为要掌握的重要技能是死记硬背各种话术，试图用"专业"和"数据"征服客户。结果往往并不理想。几次下来，客户的冷漠眼神和敷衍态度，就让他们开始怀疑人生。真正的高手，更关注客户情绪，而非话术本身。

比如，一位老销售员去拜访一位性格强势的老板。他准备了充足的产品资料，想用专业术语和数据打动对方。但还没开口，对方就不耐烦地说："别讲那些没用的，我只想知道你的产品能帮我解决什么问题，凭什么让我掏腰包？"

这时,老销售员并未急于介绍产品,而是引导对方谈公司面临的问题,一边耐心倾听、点头表示理解,一边不时抚慰其焦虑情绪。其间未谈生意,在不动声色中,巧妙引导话题,展示产品如何解决现实问题、提升效率、创造更多利润,最终成功拿下订单。

再如,一家知名保险公司的销售团队,不单纯推销保险产品,而是通过了解客户的家庭情况、职业规划及对未来的担忧,帮助客户规划财务安全,为客户提供安全感和保障,这才是客户购买保险的真正驱动力。

由此可见,销售的精髓并非技巧,而是一种感受——理解客户需求,感受客户情绪,以此建立信任关系,引导客户做出购买决策。原因主要有以下几个基本逻辑:

1. 客户购买决策受情绪主导

从神经学角度看,大脑做决策时,情感中枢往往先于理性中枢发挥作用。客户面对销售场景时,最初反应是基于情绪的直觉判断。如看到设计精美的产品,大脑会产生愉悦、兴奋、好奇等情绪,引发进一步了解产品的欲望。因为情绪能快速评估事物对自身的价值和吸引力,在潜意识层面影响决策方向,且积极情绪会降低客户对购买风险的感知。

因此,聪明的销售员善于营造良好的销售氛围,如整洁舒适的展厅环境、热情友好的接待态度等。比如,高端珠宝销售店,店内布置优雅奢华,背景音乐舒缓宜人,销售人员微笑相迎,让顾客在愉悦放松的情绪中更愿深入了解产品。

2. 销售人员自身情绪管理影响销售结果

无论面对何种客户和销售场景,销售人员都应以积极心态应对。主要原因有三:其一,情绪具有感染力。积极乐观的情绪可让客户感受到销售人员的热情与专业,激发兴趣与信任,如热情的房地产销售可使购房者更安心。其二，情绪影响沟通效果。冷静平和的情绪有助于清晰表达产品信息，准确理解客户需求，避免因焦虑急躁造成误解。其三，自我情绪把控决定应变能力。面对客户异议或突发状况，良好的情绪管理能使销售人员快速调整应对策略，化解危机，而不是陷入负面情绪导致销售中断。所以，情绪管理是销售成功的关键内在支撑。

3. 良好情绪是建立交易关系的纽带

当销售人员与客户产生情绪共鸣时，信任关系更易建立。比如，销售健身器材时，销售人员若能理解客户想改善健康状况又担心坚持不下来的矛盾心理，分享自己或他人的健身经历，表达对客户情绪的理解，就能让客户感受到被认同，拉近彼此距离，建立初步信任。

情绪共鸣还体现在对客户价值观的认同上。若客户注重环保，销售环保产品时，销售人员应强调产品的环保理念和对社会可持续发展的贡献，与客户在价值观层面产生共鸣，这会使客户更愿与销售人员建立长期合作关系。

销售是一门关于情绪把控的艺术，需要销售人员具备同理心、耐心以及对人性的深刻理解。所以，与其苦练话术，不如修炼情商，学习读懂客户情绪，建立信任关系，引导对方做出最适合其自身的选择。毫不夸张地说，销售的真相就藏在那些细微的情绪波动之中。

话题比话术更重要

在现实生活中，并非每一个口若悬河、夸夸其谈的销售员都能斩获出色的业绩。毕竟，销售绝非一场单纯的语言作秀，话术或许能在开场时吸引一些目光，但若缺乏内涵丰富、切中客户内心诉求的话题引领，便如同失去灵魂的空壳，华而不实。真正能触动客户的，是那些能够引发他们深入思考、激起其情感波澜的话题。

相较于那些看似高明，实则空洞无物的话术，一个接地气的话题往往更具说服力。话题宛如连接销售员与客户心灵的桥梁，跨越了买卖双方的功利鸿沟，在思想与情感的相互交融中，为销售的成功铺就坚实道路，让每一次交流都演变成一场富有意义的心灵邂逅，而非机械刻板的商业博弈。

当然，话题林林总总，但对大多数客户而言，有些话题堪称绝佳：对行业趋势的深度剖析，能让客户领略到前瞻性的智慧光芒；对客户痛点的精准挖掘与探讨，会使客户真切感受到被理解与重视；对生活美好愿景的勾勒，与客户内心的渴望彼此呼应……真正的沟通高手，无不具备极强的引领话题的能力。

试想，一个销售员滔滔不绝地介绍产品功能，却全然忽略客户需求，这样能取得成功吗？答案显然是否定的！客户在意的并非产品功能多么强大，而是产品究竟能为其解决什么难题，带来何种价值。而这，恰恰是话题选择的关键所在。

有一位销售教育产品的销售员，某次与客户沟通时，并未急于直接介绍课程内容与价格，而是先与客户聊起孩子近期的学习状况、兴趣爱好，以及家长对孩子未来的期望。他凭借倾听与巧妙引导，自然而然地将话题引向教育的重要性，以及如何助力孩子更好地学习与成长。在此过程中，他充分展现出对客户的尊重与理解，成功构建起良好的信任关系。最终，他顺利地将教育产品推荐给客户，而整个过程中，他几乎未曾动用任何"专业的销售话术"。

再比如，某房地产公司的销售员，在与客户交流时，没有一开始就介绍房屋的面积、价格和装修情况，而是先了解客户的生活方式、家庭成员构成以及对居住环境的期望。通过与客户的深入交谈，他得知客户期望拥有一个舒适温馨、适宜孩子成长的居住空间。于是，他将话题聚焦于社区环境、学校资源以及周边配套设施，最终成功向客户推荐了一套契合其需求的房屋。在整个过程中，他运用的"销售话术"少，却成功引发客户共鸣，促成了交易。

在销售领域，如果说销售话术如同利剑，可在销售战场上披荆斩棘、开辟道路，那么话题便是剑柄，掌控着剑的指向与发力的深浅。话术或许能在瞬间绽放光芒，话题却可为整个销售过程赋予深度与广度。当执着于话术的精雕细琢时，或许能收获片刻关注；而当潜心挖掘话题的宝藏时，却能开启与客户心灵深处持久共鸣的大门。

1. 话题能深度挖掘客户需求

销售话术通常只是流于表面的交流形式，而话题却能够像探针一样，直抵客户内心深处。例如，当与一位企业主探讨行业竞争格局与未来发展趋势这类话题时，便能促使其主动敞开心扉，倾诉自身企业面临的机遇与挑战，进而让销售人员精准洞察其潜在需求，无论是对先进管理软件的需求，还是对拓展市场渠道的渴望，都能在话题引导下逐渐明晰，为定制精准的销售方案提供有力依据。

2. 话题决定沟通的方向

在具体的销售互动场景中，话题仿若航海时的罗盘，指引着交流的前行路径。精准选取契合客户兴趣、需求以及当下情境的话题，就如同顺风扬帆，能够巧妙引导沟通沿着有利于销售的航道稳步推进，逐步拉近与客户的心理距离，为成功交易夯实根基。反之，倘若不慎踏入敏感禁忌、客户毫无兴趣的话题雷区，就如同触礁一般，瞬间让沟通陷入僵局，致使此前的所有努力化为泡影，甚至引发客户反感，造成事与愿违的不良后果。

3. 话题可引发客户情感共鸣

销售话术可能仅仅是单纯地介绍产品功能与优势，而一个贴合客户生活、理想或价值观的话题，却能点燃其情感火花。比如，探讨环保话题时，对于那些注重社会责任与生活品质的客户而言，能瞬间拉近心理距离，使其对主打环保理念的产品产生强烈的认同感与购买欲，因为此时的销售已不仅仅局限于物质交易，更升华为一种情感与理念的交融。

4. 话题能拓展销售边界与视野

销售话术受限于产品本身，而话题则能够引领销售人员与客户跳出产品框架，探索更为广阔的商业与生活领域。例如，在讨论科技创新趋势话题时，或许会发现全新的市场需求与产品应用场景，从而启发销售人员创新销售思路，甚至推动企业研发新产品，使销售不再拘泥于既有模式，而是在不断探索与发现中实现突破与跨越，为企业与客户创造更多价值与机遇。

综上所述，与其埋头苦练各种销售话术，不如着力修炼沟通能力，学习如何甄选合适的话题，引导客户，最终达成交易。

结果一定与情商匹配

情商，即情绪智力，指个体觉察自我与他人情绪，并运用情绪信息引导自身思维及行为的本领。倘若将销售比作一场人心的较量，那么情商无疑是这场较量中最为关键的制胜法宝。

高情商的销售员擅长察言观色，能敏锐洞悉客户的情绪与需求。他们不会急于兜售产品，而是先致力于与客户构建良好的关系，进而深入了解客户的背景、性格、价值观以及潜在需求。凭借倾听、共情与理解，他们与客户建立信任，让客户真切体会到被尊重、被重视。在此过程中，他们巧妙引导话题，将客户的关注点转移至产品与服务上，最终促成交易。

某高端健身俱乐部的销售人员小李，接待了前来咨询会员服务的中年男士张先生。起初，张先生显得颇为犹豫，对价格和健身效果都心存顾虑。

小李并未急于推销，而是微笑着先与张先生聊起他的日常生活与健康状况。他察觉到张先生因长期伏案工作，颈椎和腰椎状况不佳，且平日压力巨大，缺乏放松途径。

小李感同身受地说道："张先生，我特别理解您此刻的感受，许多像您这样拼搏的成功人士都面临着类似的健康难题。实际上，健身可不只是为了外形好看，更是对自身身体与生活品质的一种投资。我们俱乐部拥有专业的教练团队,他们能够依据您的身体状况量身定制健身计划,着重帮您改善颈椎和腰椎问题,此外,还有瑜伽、冥想等放松身心的课程,让您在繁忙工作之余能有效舒缓压力。"

当张先生提及价格偏高时,小李没有反驳,而是耐心解释:"张先生,我明白您觉得价格高,可您想想,要是身体不适影响了工作效率与生活质量,那损失说不定更大。而且我们俱乐部提供的是全方位高端服务,从先进的健身设备,到舒适的淋浴设施,再到贴心的会员专属服务,各个细节都力求为您打造极致健身体验。您不妨先办个短期体验会员,感受下这里的氛围与效果,再决定是否办理长期会员。"

交流全程,小李始终热情、真诚,眼神专注地与张先生互动,认真倾听他的每一句话,并给予积极回应。最终,张先生被小李的真诚与专业打动,办理了一个季度的会员。

在这个案例中,小李运用同理心,深度了解客户需求与痛点,以真诚态度沟通,巧妙化解客户的疑虑与抵触情绪,圆满完成了销售任务,这充分彰显了高情商在销售中的重要地位。

反观情商较低的销售员,他们常犯一些严重错误,比如:过于强势,忽视客户需求;过于急躁,打断客户谈话;过于自负,轻视客户意见。这些行为都会引发客户反感,致使销售失败。

由此可见,在销售领域,业绩与情商存在着深层次、不可分割的内在关联,即销售成果必然与情商相匹配,这是销售员必须知晓与掌握的关键销售底层逻辑。

高情商销售员在与客户沟通交流时,能够敏锐捕捉客户言语背后的细微情绪,领会其未言之意。他们展示产品或提供服务时,并非生硬罗列优势，而是带着共情之心阐述如何精准解决用户痛点，让客户感受到被关注、被重视。面对客户的质疑与犹豫，高情商销售员能够凭借其出色的情绪自控与引导能力，将潜在抵触转化为深入探讨的契机，逐步消除客户内心的防线。如此一来，销售不再是一场单纯的交易博弈，而是情感与价值的深度交融之旅，情商成为开启客户心门、助力销售迈向成功的关键钥匙，贯穿销售全程并左右着各个关键节点的走向。

从现在起，别再迷信那些所谓的"销售秘籍"了！真正的销售高手，并非技巧超群，而是情商出众，因而总能达成预期目标。若用一个公式描述，即：销售成果 = 价值传递系数 × 情商。情商在其中起着核心的乘数作用，它决定了价值传递的成效与深度。

当情商处于高位时，即便产品或服务的价值传递系数并非顶尖，也能凭借与客户在情感层面的深度联结、对客户需求的精准洞察与回应，使销售成果达到理想状态。反之，若情商欠缺，即便手握优质资源，价值传递也会受阻，从而导致销售业绩大打折扣。

在销售的大舞台上，情商宛如一根魔杖，能巧妙拨动客户心弦，让客户与产品价值产生强烈共鸣，推动交易顺利达成，建立起长久稳固的商业关系。

如何提升客户对你的好感

很多销售人员常常将销售视为一场"攻坚战",试图用各类技巧和策略来"攻克"客户。他们煞费苦心准备产品介绍,精心设计销售话术,甚至不惜一切代价讨好客户。然而,这些努力往往事与愿违。

为何如此?

因为,客户并非冰冷的机器,他们有自身的情感、价值观与需求。在与销售人员的互动中,客户潜意识里都在寻求一种情感的共鸣与价值的认同。

倘若销售人员仅仅机械地堆砌话术、强行推介产品,而忽略了客户内心真正的渴望,那就如同在错误的道路上狂奔,只会离目标越来越远。客户渴望被理解、期望销售人员能站在他们的角度看问题,体会他们面对选择时的纠结,以及使用产品或服务时的期待与担忧。

唯有商家及其销售人员放下"攻克"的执念,以真诚之心探寻客户的情感世界,将销售过程转化为一场与客户携手同行的情感之旅,方能真正叩开客户好感的大门,让销售从单向的推销变为双向的共赢与心灵契合。

一家高端定制西装店的销售员向极为挑剔的顾客推销一款西装。这位顾客对服装的材质、工艺以及设计要求极高,还习惯用各种苛刻要求考验销售员。这位销售员并未急于谈论产品,而是先与顾客闲聊起来。他发觉顾客是古典音乐爱好者,近期正筹备一场重要音乐会。

于是，他分享了自己对古典音乐的感悟与欣赏经历，瞬间拉近与顾客的距离，让顾客感受到共鸣。

接着，他才慢慢将话题引到服装方面，提及在如此重要的音乐场合，一套合身且彰显品位的西装能更好展现艺术家风采，还依据顾客在舞台上的动作需求，推荐了一款面料舒适、剪裁便于活动的定制西装。

在整个过程中，他始终留意顾客的表情与反应，耐心解答顾客的每一个疑问，让顾客觉得自身需求得到重视与理解。最终，这位顾客不仅愉快定制了西装，还成为店铺的忠实客户，介绍了不少同行朋友前来。

此例中，销售员通过寻找共鸣点，先建立情感联系再切入销售，赢得客户好感后完成交易。可见，单纯依靠传统推销技巧难以触动客户内心，真正能提升客户好感的，是深入了解客户的情感世界。

那么在销售中，如何高情商地与客户交流，快速赢得他们的好感呢？

1. 深度倾听与情感呼应

当客户表达想法或提出问题时，作为销售人员，务必停下手中正进行的其他事务，身体微微前倾，眼神专注地与客户对视，给予客户充分关注。比如，客户讲述对某产品的使用经历时，要表现出兴趣，并用点头、微笑等非语言信号及时回应。

同时，要仔细捕捉客户话语中的情感关键词，诸如"担心""兴奋""失望"等。若客户提及之前购买产品遇到售后问题很"头疼"，可回应："我完全能理解这种售后不给力带来的困扰，要是我碰到也会很糟心，不过您放心，我们这边格外重视售后服务，会全力避免类似情况。"通过这种方式与客户的情感产生呼应，让客户感觉你能感同身受。

2. 巧妙赞美与个性认同

留意客户的细节之处，像穿着打扮、配饰、言谈举止等，找到独特且真实的赞美点。例如，看到客户佩戴一块精致的手表，便可说："您这块手表很有品位啊，设计简约又不失高雅，和您的气质特别搭调，一看您就是对生活品质有很高追求的人。"

针对客户的观点和选择给予认同与赞美。倘若客户对某产品功能有独特见解，可回应："您这个想法真的很独到，很多人都没注意到这点，这说明您在这方面有很深的研究和敏锐的洞察力，跟您交流让我很受启发。"

3. 适时分享与价值提供

依据与客户交流的内容，适时分享一些相关且有用的信息或经验，但切勿过于冗长。比如，与爱好健身的客户聊到健身器材时，可说："我之前了解到一个小技巧，在使用这款器材时，要是稍微调整一下姿势，能更精准地锻炼到目标肌肉群，而且还不容易受伤，您不妨试试。"

要是自身有相关资源或人脉能帮客户解决问题，可主动推荐。例如，客户提到正在寻找某行业的合作伙伴，而你恰好认识一些靠谱的人选，便说："我有几位在这个领域做得相当不错的朋友，他们的口碑和信誉都很好，我可以帮您牵线搭桥，看看有没有合作的机会。"这有助于建立长期的信任关系，提升客户对你的好感。

上述三点，全方位构建了与客户之间的深度情感连接与价值交互桥梁。深度倾听与情感呼应的底层逻辑在于满足客户被尊重与被理解的心理需求；巧妙赞美与个性认同的底层逻辑基于人类对自我价值肯定的本能追求；适时分享与价值提供的底层逻辑则是从功利性与情感性双重维度强化客户与销售人员的关系纽带。

总之，唯有真正尊重客户、理解客户，并为客户提供价值，才能赢得客户的好感，最终促成交易。这是一种人性的艺术，一种建立在真诚与信任之上的情感连接。

要学会与客户聊天

传统的销售模式，常常过度聚焦于"推销"行为本身，侧重于强调产品的性能与价格，却忽视了与客户的情感纽带构建。在当下信息高度透明、消费者愈加成熟的时代背景下，这种模式已然显得"捉襟见肘"。

与之形成鲜明对比的是，那些"善于聊天"的销售人员，能够巧妙地将推销意图融入轻松愉悦的交谈氛围之中，让客户在毫无察觉的情况下接纳产品或服务。这不仅是一种潜移默化的销售技巧，更是一个搭建连接、创造价值的动态过程。

当然，所谓"会聊天"并不意味着口若悬河、滔滔不绝，而是要求销售人员能够依据客户的性格特点、身份背景以及实际需求，灵活多变地调整自身沟通策略，进而与客户构建起融洽的人际关系。这需要销售人员具备以下几方面关键能力：

1. 敏锐的洞察力

这要求销售人员在与客户交流伊始，便能迅速且精准地捕捉到客户的性格特质。举例来说，判断客户是外向开朗、乐于分享一切的类型，还是内向含蓄、需加以引导才会敞开心扉的类型；是严谨务实、看重事实数据的类型，还是富有创意、追求与众不同的类型。与此同时，还需透过客户的语言表达、面部表情、肢体动作等细微之处，洞察其潜在需求。例如，当客户谈及某类产品功能时，倘若眼神明亮、语气加重，便极有可能暗示这是他重点关注的领域,销售人员便可据此及时调整后续沟通要点,使交流内容更加贴合客户内心诉求。

2. 出色的应变能力

在销售进程中,各类突发状况与意外回应随时都有可能出现。一旦客户对产品提出尖锐质疑或是给出完全超乎预料的观点,具备应变能力的销售人员不会惊慌失措或是强行辩解,而是能够即刻转换思维、调整语言策略,顺着客户的思路进一步探询原因,将潜在冲突转化为深入了解客户的良好契机,凭借巧妙回应化解尴尬局面,并引导话题朝着有利于销售的方向推进。就如同一位卓越的舞者,无论舞台上出现何种变数,都能灵动自如地调整舞步,演绎出和谐优美的舞姿。

3. 丰富的知识储备

销售过程中话题所涉范畴往往极为宽泛。为了能够与不同背景、不同兴趣爱好的客户畅所欲言,销售人员需要广泛涉猎多领域知识,涵盖行业动态、产品专业知识、热门时事、文化艺术、生活常识等。唯有如此,当面对热爱体育的客户时,方能侃侃而谈各类体育赛事;与关注科技的客户交流时,能够深入探讨前沿科技突破;与讲究生活品质的客户互动时,能够分享各类生活美学见解。丰富的知识恰似肥沃的土壤,滋养着聊天之花,使其绽放出缤纷绚丽的光彩,让客户在交流过程中持续收获新认知与乐趣,进而提升对销售人员的好感度与信任度。

4. 真诚的情感传递

在与客户交流期间,销售人员务必发自肺腑地关注客户的感受与想法,让每一句话都充盈着真诚,而非刻板套用话术。无论是回应客户需求,还是分享自身经验见解,都应以真诚态度相待。比如,当客户倾诉使用产品过程中遭遇的困扰时,销售人员应用真挚的语气表达同情与理解,并提供切实可行的解决办法,而非敷衍塞责。

这种真诚能够穿透语言表象,直抵客户内心深处,让客户真切体会到被重视与被关怀，从而在双方之间构建起深厚稳固的情感桥梁，为销售筑牢坚实的信任根基，使客户更易于接纳销售人员推荐的产品或服务。

总而言之，成功的销售离不开人与人之间的情感连接。这就要求销售人员具备同理心，能够换位思考、设身处地为客户考量，进而切实理解客户需求，最终赢得客户的信任。而"会聊天"恰恰是构建这种情感连接的关键路径。

要永远站在消费者立场

有一句话叫"顾客永远是对的",它不仅仅是一句简单的商业口号,更蕴含着深刻的销售与服务哲理——不要简单地将消费者视为购买者,而要深入了解他们的需求、痛点、期望和价值观,并站在他们的立场,从他们的角度来看问题。

当我们切实站在顾客的立场去看待问题时,会发现销售过程中的每一个环节都需要重新审视与精心雕琢。在产品推荐环节,不应再一股脑地罗列所有产品特性,而要筛选出与顾客需求高度契合的要点重点阐述。例如,销售一款智能手表,若顾客是运动爱好者,便着重强调其精准的运动监测功能,如实时心率追踪、多种运动模式识别以及运动数据分析等,展示这些功能如何助力顾客更好地规划锻炼计划、提升运动效果,而非泛泛而谈其外观设计等次要功能。

在处理顾客异议时,站在顾客的角度,能让商家和销售人员以更平和包容的心态去应对。若顾客质疑产品价格,不应生硬地强调价格的合理性,而要站在顾客角度分析性价比。同时,从顾客的角度考虑还意味着要关注他们在购买过程中和购买前后的情感体验。购买前,要给予顾客充分的信息支持与耐心解答,让其感到安心与放心;购买过程中,需确保流程便捷顺畅,减少烦琐手续带来的困扰;购买后,要及时跟进产品使用情况,对顾客遇到的问题迅速响应并妥善解决,让顾客感受到商家的持续关怀与重视。

如此一来，商家或销售方与顾客所建立的不仅仅是一次性的交易关系，而是能够长久维系的品牌与顾客的情感共同体，使顾客在未来的消费选择中，会毫不犹豫地再次选择信赖的商家，并自发地向身边的人推荐，形成良好口碑传播的良性循环。

既然站在消费者的立场有诸多好处，那么如何做到这一点呢？关键是四个"记住"。

一要记住：顾客永远是对的

顾客的每一言辞皆有其特定目的与缘由，当商家或销售人员设身处地从顾客所处情境及初始意图去考虑，更能增进对顾客的理解。销售的终极目标在于促成双方意愿的契合与共识的达成，这与战争的对抗性截然不同，销售并非要争个输赢，而是要实现互利共赢的交易结果。人类行为学研究揭示，人与人之间的相处模式呈镜像效应，你若给予他人肯定与认同，他人也会更倾向于回馈相同的态度；反之，若你对他人持否定与抵触立场，那么他人也会对你产生抗拒心理。因此，销售人员熟练掌握并运用肯定认同的技巧，对其销售工作至关重要。

二要记住：永远不要轻易否定顾客

顾客的观点、意见以及感受，无论在我们看来多么不合理或难以理解，都承载着他们内心的认知与期望。一旦轻易否定顾客，就如同在双方之间筑起一道高墙，阻断情感交流与信任建立的通道。例如，当顾客对产品的某一功能质疑或有不满时，若销售方急于反驳，强调产品并无问题，只会让顾客觉得商家或销售方在逃避责任，忽视他们的体验，进而对整个交易产生抵触情绪。相反，若商家或销售方以开放包容的态度接纳顾客的反馈，先给予肯定与理解，如说"我明白您为什么会有这样的想法，您的关注很有道理"，然后再耐心地解释说明，或者提供解决方案，就能够化解潜在的矛盾，让顾客感受到被尊重与重视，从而为顺利达成交易、建立长期合作关系奠定坚实基础。

三要记住：肯定、认同顾客

在销售情境中，肯定、认同顾客是建立良好沟通与信任关系的基石。当顾客表达自己的需求、偏好或担忧时，商家或销售方积极的肯定回应能让他们感受到被理解与尊重。例如，顾客提及对某产品质量的疑虑时，可以说："您对产品质量如此重视是非常正确的，毕竟这关系到后续的使用体验和成本。"这种认同不仅能化解顾客的抵触情绪，还能引导他们深入探讨需求。再者，当顾客分享过往的消费经历或见解时，商家或销售方应给予肯定，如说："您的建议太宝贵了，这对我们优化服务很有启发。"这样会让顾客觉得自己的价值得到认可，从而更愿意合作。通过持续地肯定认同，顾客会逐渐放下防备，更易于接受商家，最终顺利达成交易，并为建立长期稳定的客户关系打下基础。

四要记住：巧妙赞美顾客

巧妙的赞美犹如春风化雨，能极大地增进与顾客的情感连接。但需注意，赞美要基于细致的观察与真诚的表达，而非敷衍的奉承。如当顾客在挑选服装时，若注意到顾客对色彩搭配有独特的见解，便可说："您对色彩的敏锐感知真是令人钦佩，这款服装的色调组合很有挑战性，但您一眼就看出了其中的搭配精髓，相信您平时在时尚领域一定颇有心得。"

这样的赞美不仅能让顾客感到愉悦和被认可，还能让他们更愿意分享自己的需求和想法，使销售过程更加顺畅和谐，为成功交易增添有力的砝码，也为后续的客户维护和口碑传播奠定良好的基础。

站在消费者立场，并非简单的角色扮演，而是要深入他们的内心世界，理解他们的需求、痛点和期望。这需要商家或销售人员记住顾客永远是对的、永远不要轻易否定顾客、肯定认同顾客、巧妙赞美顾客，如此才能在销售或服务过程中与顾客建立起深度信任与良好的沟通。

千方百计让情感流动起来

在销售过程中，商家常常聚焦于产品的特性、价格的优势以及市场的策略，却忽视了一股无形而强大的力量——情感。情感如同涓涓细流，若能在销售过程中巧妙引导与激发，便能汇聚成推动交易成功、建立客户忠诚的澎湃江河。

人类是情感动物，我们的决策往往受情感左右和驱使。在销售中，产品或服务只是情感传递的媒介。若能深入挖掘产品背后的情感价值，精准把握客户的情感需求，并通过有效的沟通和营销手段将两者完美对接，就能让情感在销售渠道中顺畅流动。

这种情感流动会打破客户与销售人员之间的心理壁垒，建立信任与共鸣，使销售不再是艰难的说服战，而是愉快的情感交流。

乔·吉拉德被誉为世界上最伟大的推销员，他成功的秘诀之一便是对客户的真心关怀。他会在客户生日时送上祝福卡片，定期与客户保持联系，了解其生活近况和需求变化。他深知销售并非一锤子买卖，而是长期的情感维系。当客户感受到销售人员的真诚与关心时，彼此间的情感纽带会越发牢固，购买行为自然会发生，甚至客户还会主动为销售人员推荐新客户。因为在这种情感互动中，客户已不仅仅将销售人员视为商业伙伴，更是值得信赖的朋友。

再来看看苹果公司的传奇创始人史蒂夫·乔布斯。当他推出iPhone时，并不只是售卖一款手机，而是兜售一种全新的生活方式和情感体验。他站在舞台上，用极具感染力的演讲，向全世界描绘着一个能将互联网、音乐、通话等功能完美融合在掌心的美好未来。他深知，消费者购买的不只是一个冰冷的科技产品，更是对便捷、时尚、创新生活的向往与情感追求。iPhone所蕴含的简洁优雅的设计理念、强大的功能以及它所代表的身份象征，都触动着消费者内心深处的情感琴弦，让人们心甘情愿为之买单，并成为苹果品牌的忠实追随者。

这种将产品与情感深度融合的方式，是让情感在销售中流动起来的绝佳范例。

理性决策是商业活动的基础，但情感往往决定着最终的购买行为和品牌忠诚度。人们购买的不只是产品，更是产品背后的故事、对品牌的情感认同以及使用体验带来的感受。情感营销并非虚假宣传，而是要真诚地与消费者建立情感联系，让品牌和产品成为消费者生活的一部分。

激发情感共鸣并非一蹴而就，需运用多种策略和技巧：

1. 讲故事

运用故事触动人心。一个好的故事能引发共鸣，激发情感，给人留下深刻印象。销售故事可以是品牌起源的故事，用户使用产品的体验故事，也可以是与品牌价值观相关的社会故事。

2. 创造体验

提供独特的体验，能够增强消费者对品牌的记忆和情感连接。比如：线下实体店可打造为充满艺术氛围的空间，通过柔和的灯光、错落有致的商品展示以及优雅的背景音乐，让顾客进店便仿佛踏入时尚与艺术的殿堂；线上互动游戏可设计为服饰搭配挑战，参与者搭配不同风格服饰可获取积分兑换优惠券或定制款式；产品包装采用精致礼盒并附上小礼品，如保养工具或定制小配件，给消费者带来惊喜。

3. 情感化语言

情感化的语言能有效表达品牌的情感和价值观。这需要在文案撰写、广告设计、客服沟通等各个环节注重情感表达。比如，鞋的文案："每一双鞋，都是陪伴你走过人生旅途的忠实伙伴，承载着你的故事与梦想。"广告设计中，画面呈现人们穿着品牌鞋子在不同美好场景中的身影，旁白"踏上梦想之路，与（品牌名）同行，感受每一步的精彩"，以此激发顾客的情感。

4. 视觉传达

运用视觉元素，如图片、视频、音乐等，来传达品牌的情感和价值观。想象消费者浏览某时尚品牌的宣传页面，映入眼帘的是一组高清、富有质感的图片，模特身着华服，在充满艺术感的场景中自信展示，光影巧妙勾勒出服饰的精致细节，瞬间抓住消费者目光，唤起他们对美的向往与追求，这便是图片的力量。视频能以动态形式讲述品牌故事，音乐能营造独特氛围。

5. 用户参与

鼓励用户参与品牌的建设和发展，可增强其归属感和参与感。例如，设立用户专属的线上社区，用户在此能自由交流品牌使用心得、分享创意灵感，品牌方认真倾听，将有价值的建议融入产品研发与服务优化中；或者定期举办用户见面会，让大家面对面互动，进一步加深情感联系，使他们真切感受到自己是品牌大家庭中不可或缺的一员。

销售的过程是互动的过程，也是人与人之间情感连接的过程。只有将情感融入销售的每一个环节，才能真正打动人心，建立起长期稳定的客户关系。

为客户提供更多情绪价值

回想一下：你最近一次拥有的愉快消费体验，是什么让你这般满意？是产品自身的质量吗？抑或是别的因素？产品质量固然重要，然而更为关键的是，你从消费过程中获取的情绪价值。这种价值，或许体现在购买流程的便捷与舒适，或许彰显于服务人员的热忱与周全，又或许表现为产品赋予你的安全感、成就感，乃至归属感。

这恰恰是部分产品或服务即便价格偏高，却依旧广受青睐的关键缘由——商家所给予的，不单是产品功能性层面的满足，更是顾客在情绪方面的餍足。商家巧妙地拿捏住用户的情感诉求，使得他们在消费进程中收获更多的欢愉与满足感，进而构筑起顾客长久的品牌忠诚度。

很多时候，销售早已不再局限于单纯的产品或服务交付，其核心在于赋予客户溢价的情绪价值，让他们于消费过程中体悟到快乐、满足，甚至是感动。这，才是当下的商业逻辑真谛。

我们选购商品，不单是为了迎合物质需求，更是为了满足精神层面的诉求。我们期盼得到尊重、获得理解、被人认可，我们渴望拥有快乐、收获幸福、享有安全感。而一次成功的销售，恰恰能够洞悉用户这些深层次的需求，并巧妙地给予满足。

就拿星巴克来说，顾客在那里购买的远不仅仅是一杯咖啡，更是一种别具一格的社交体验与情感依托。当顾客踏入门店，那熟悉的咖啡香气、惬意的沙发座椅、暖色调的灯光以及轻柔的背景音乐相互交融，共同烘托出温馨宜人的氛围。在此处，人们既能与朋友欢聚一堂，畅所欲言，分享生活的酸甜苦辣；也能独自静处，于繁忙日常中觅得片刻安宁，尽情享受属于自己的专属时光。这般"第三空间"的独特体验，赋予了星巴克超越咖啡本身的非凡价值，也使得顾客滋生出强烈的归属感与深厚的情感纽带。

时至今日，单纯凭借产品的功能特性去吸引客户已然越发艰难。而情绪价值宛如一种别具一格的"硬通货"，能够在众多同质化的产品或服务当中，为品牌塑造出醒目独特的个性与差异化竞争优势。

为客户呈献情绪价值绝非易事，需要全方位、多维度切入，其中重点要把控好以下三个要点：

1. 打造个性化体验

个性化体验能够让用户真切感受到自己被特殊优待，由此产生愉悦之感与被重视的情愫。例如，电商平台可依据用户的浏览历史、购买记录等数据信息，为其精准推荐契合兴趣的产品。当用户开启应用程序或网站时，映入眼帘的皆是心仪之物，仿若拥有一位专属的私人购物顾问，这般贴合自身需求的体验势必会为其带来惊喜与满足。

因而，在服务环节，要刻意创设一些个性化的互动场景。像咖啡店的店员若能牢记常客钟爱的咖啡口味、偏好的座位，在顾客进门之际送上一句"您常坐的位置已经为您预留妥当"，这般贴心入微的服务定会让用户深感自身的重要性，收获绝佳的消费体验。

2. 建立情感连接

与用户搭建起深厚稳固的情感连接，是输送情绪价值的关键所在，这离不开讲述品牌故事以激发情感共鸣。一方面，品牌方可分享自身的起源、秉持的价值观以及成长历程。譬如，一个手工皮具品牌能够讲述其创始人对传统手工艺的坚守传承，以及对每一件皮具精雕细琢、力求完美的执着信念，如此这般的故事必然能够吸引那些崇尚匠人精神的用户，让他们在购置产品时，不单是入手了一件商品，更是与品牌背后蕴含的价值观深度契合，感受到一种源自心灵深处的情感共鸣。另一方面，品牌还应积极融入用户生活中的重要节点。例如，母婴品牌可在宝宝生日或者母亲节等特殊时日，向用户送上温馨暖人的祝福以及精致小巧的礼品等。

3. 营造积极的氛围

在实体经营环境里，店铺的装修格调、灯光布局、音乐搭配等要素都举足轻重。举例来讲，书店若采用柔和护眼的灯光、设置舒适宜人的阅读角落并播放舒缓悠扬的背景音乐，便能营造出宁静悠然、惬意闲适的阅读氛围，让用户沉浸其中，尽情享受阅读的无穷乐趣。在虚拟网络环境下，品牌的社交媒体专页、官方网站等同样需要营造积极向上、活力满满的氛围。运用温暖亲和、活泼灵动的语言风格，发布极具吸引力的内容，诸如用户的真情好评、妙趣横生的品牌故事、正能量满满的生活小贴士等。

为用户提供情绪价值的底层逻辑，是对人性需求的深度探寻与精准回应。诚如某位知名心理学家所言："人类的一切行为背后，都潜藏着对情感满足的炽热渴望。"

在销售领域，产品或服务仅仅是一个载体，真正能够直击用户内心深处的，是它们所承载的情绪内核。当商家能够敏锐精准地捕捉到用户内心的情感诉求，并将其巧妙地融入销售的每一个环节时，便仿若掌握了开启用户心门的密码，销售也就不再是冷冰冰的交易，而是一场场暖人心扉的心灵际会。

少一点煽情，多一点共情

相信很多人在购买商品时，都很厌倦销售员那些花言巧语、夸大其词的推销方式，而渴望一种真诚、坦率、让人感到舒服的共情交流。

传统的销售模式，往往注重技巧和策略，试图通过煽动性的语言、夸张的描述来激发客户的购买欲望。这种推销方式中的"煽情"，侧重于通过夸张、渲染的手法激发客户强烈的情绪反应，但这种情绪往往是短暂的、表面的，缺乏真实性和深度，容易引起客户的反感，甚至被客户视为一种营销手段的操纵。

而共情则注重理解客户的感受，站在客户的角度思考问题，并给予真诚的回应。它是一种发自内心的关怀，能够在彼此间建立起深层的情感连接，让客户感受到被理解和尊重。可见，共情建立在真实的理解和尊重之上，而非对情绪的操控。

相较于传统销售模式，共情是一种更高级的销售模式，它要求销售人员深入客户的内心世界，去感知他们的喜怒哀乐、忧虑与期望。

以健身课程销售为例，若销售人员只是一味地宣扬健身后的完美身材和令人羡慕的健康状态，而不考虑客户可能面临的时间紧张、缺乏运动基础、对运动的恐惧等实际问题，那么这种销售注定是失败的。如果销售人员能够先与客户共情，倾听他们关于身材焦虑、健康困扰的心声，然后再根据客户的具体情况，提供个性化的健身方案，如为忙碌的上班族推荐高效的碎片化健身课程、为运动新手安排循序渐进的基础训练计划,那么客户就会感受到被尊重、被理解,从而更愿意下单。

在这种沟通模式下,销售人员将重心放在了"理解"客户上,而非"说服"客户。他们用共情的力量建立了与客户的情感连接——成交不再是唯一目的,建立信任与良好关系才是核心。客户会因为感受到被理解和重视,而主动与销售人员互动,分享更多自身信息,使得销售过程更像是朋友间的交流与互助,从而极大地提高客户的满意度与忠诚度,为品牌持续赢得口碑与市场份额奠定坚实基础。

那么,在具体的销售中,如何才能做到少一点煽动,多一点共情呢?以下几点需要多加重视:

深度倾听与理解:在与客户交流的初期,不要急于介绍产品或服务,而是给予客户充分的表达机会,认真倾听客户的需求、痛点、期望以及过往的消费经历等。例如,当客户在抱怨现有产品的某个问题时,不要打断,而是用眼神交流和适当地点头表示你在专注聆听,并适时给予回应,如说"听起来这确实给您带来了不少麻烦"。通过这种深度倾听,能够全面了解客户的处境,从而为后续提供精准且贴合客户需求的解决方案奠定基础。在客户表达完后,对其话语进行总结和确认,确保自己理解无误,比如:"您刚刚提到的主要是对产品耐用性和售后服务的担忧,我这样理解对吗?"这不仅展示了对客户的尊重,也有助于建立良好的沟通氛围,让客户感受到被重视和理解。

个性化定制沟通内容与方案:基于对客户的深入了解,在沟通内容和提供的方案上进行个性化定制,避免使用千篇一律的销售话术和通用的产品推荐。解决方案要根据客户的具体情况进行调整。比如:面对预算有限的客户,为其推荐性价比高且能满足核心需求的产品组合;对于时间紧迫的客户,提供高效便捷的服务流程安排。这种个性化定制能够让客户直观地感受到销售人员是站在自己的角度思考问题,从而增强客户对销售人员的信任和好感。

真诚分享与透明交流：在销售过程中，保持以真诚的态度与客户分享产品或服务的真实信息，包括优点和可能存在的不足。不要只一味地强调优势而对缺点避而不谈。当客户提出疑问或质疑时，以平和、耐心的态度进行解释，而不是强行辩解。例如，客户对价格提出异议时，可以说："我理解您对价格的关注，我们的产品虽然价格相对较高，但它的品质和长期使用成本综合来看是非常有竞争力的，我可以为您详细分析一下……"通过这种真诚透明的交流方式，让客户感受到销售人员的诚信，进而增强对商家的信任和忠诚。

销售的关键不在于你能说多少，而在于对方能听进多少，能理解多少。当我们放下煽动性的言辞，静下心来与客户共情时，才能真正挖掘出客户内心的渴望与痛点，并用精准且富有温度的表达去传递产品或服务的价值，开启一段基于理解与共赢的销售之旅。

第三章

推销的是产品，更是自己

优秀的销售员懂得在推销产品之前巧妙地推销自己，无论是面对面的交流，还是通过各种媒介的互动，每一个细节、每一句话语，都会展现个人特质与良好素养，悄然间将自我形象深植于受众的心里。

产品只是敲门砖，人，才是决定要素

很多商家常常将能否成功的决定因素聚焦于产品本身：新颖的功能、精美的设计、超高的性价比……这些固然重要，但它们仅仅是敲门砖，是进入消费者视野的入场券。真正决定业绩优劣、企业成败的，是人与人之间的情感联结，是信任的构建，是价值的传递。产品，只是这种联结的媒介。换言之，产品只是敲门砖，人，才是决定销售成绩的关键要素。

董明珠从基层销售员一路拼搏，成为格力电器的掌舵人。早期销售格力空调时，她便展现出非凡的魄力与专业素养。面对竞争白热化的家电市场，她深入了解格力空调的每一项技术创新、每一个品质细节，无论是复杂的制冷制热原理，还是节能省电的独特设计，她都能清晰阐释。与经销商和客户沟通时，她坚定自信的眼神、铿锵有力的话语，无不传递出对格力产品的十足信心。

曾有大型采购商对她进行严苛质疑，她不卑不亢，凭借翔实的数据、实际的案例以及对未来市场趋势的精准预判，成功说服对方。而且，她始终坚守诚信原则，承诺的售后服务必定全力兑现。她的人格魅力和领导风范也为其销售工作助力颇多，尤其是她勇于创新、敢于担当的品质，让合作伙伴和消费者都对她由衷钦佩。

正因她"人行"，无论是格力空调，还是后来格力涉足的其他家电产品，乃至一些新兴的智能设备，只要是她力推的，市场都会给予高度关注，消费者也更倾向于相信这些产品的品质与价值，她已然成为格力品牌在商业世界中极具说服力的"代言人"。

很多时候，同样的产品，不同的销售员去推销，呈现的结果截然不同。一位销售员受客户信赖，往往是因为他更能精准把握客户的需求，找到与客户沟通的共鸣点，并用真诚的态度打动客户。由此可见，决定销售成败的是"人"，而非产品。

有一位老中医行医几十年，从未做过任何广告宣传，也从未主动推销过自己的药方。但找他看病的患者却络绎不绝，甚至有人千里迢迢前来求诊。为何？因为他医术精湛，为人正直，口碑极佳。他的病人，并不仅仅是被他的医术吸引，更是被他的医德折服。他们信任他，愿意将自己的健康托付给他。他售卖的，不仅仅是药方，更是信任与希望。

"人行"，并非指人天生具备某种超凡魅力，而是源于内在的三个关键特质：

1. 对人性的敏锐洞察

具备这一特质的销售员，宛如一位对人性有深刻认识的学者，能够迅速解读客户在购买决策过程中的微妙心理变化。从客户进门时的眼神、姿态，到交谈中的语气、用词，皆可成为破译其内心渴望、恐惧、犹豫与期待的密码。知晓客户是追求品质至上、注重性价比，还是更倾向于情感共鸣式的消费，进而精准调整销售策略，投其所好且恰到好处，让客户在不知不觉中深感被理解，从而拉近心理距离，筑牢信任根基。

2. 强大的自我驱动力

这种特质并非外界压力逼迫下的短暂奋进，而是源自内心深处对成功的炽热渴望与对自我价值实现的不懈追求。这股强烈的自我驱动力促使销售人员在面对烦琐的客户资料整理、反复的产品知识学习、艰巨的销售目标挑战时，始终保持昂扬斗志和高度专注。他们将每一次与客户的互动都视作一次成长契机,将每一次销售业绩的突破都当作对自我的一次有力证明,在不断超越自我的道路上奋勇前行,用自身的热情与专注感染身边每一位客户。

3. 拥有强大的共情能力

销售人员的这种特征,绝非表面的同情或理解,而是能够全身心融入客户的情境之中。当客户诉说使用过往产品的糟糕经历时,能真切体会那份懊恼与无奈;当客户畅想拥有新产品后的美好愿景时,能与之一同心潮澎湃。凭借这种深度共情,让客户在情感上与自己紧密相连,仿佛觅得一位贴心伙伴,而非单纯的销售者。如此一来,产品便化作联系彼此情感的纽带,销售过程也演变成一场基于情感共鸣的价值传递之旅。

这些关键特质相互交织、协同发力,共同塑造出一个客户信得过的销售人员形象。因而,在每一次销售互动中,他们不仅更易促成交易,还善于编织一张信任之网,将客户牢牢维系在自己的商业版图之内。

先展示自己，再展示商品

许多销售人员在与客户会面伊始，便急于推销自家产品，这种做法往往容易引发客户的反感，导致难以有效构建客户关系。销售人员必须清楚，不要急于售卖产品，而应优先推销自己，即展现自身所具备的综合特质，涵盖由内在涵养构成的软身份和外在包装所代表的硬身份。软身份与硬身份相互交融，共同塑造出一个人的独特魅力与强大气场。

在销售场景中，常能见到这样的现象：部分老板或销售人员在与客户沟通时，一旦手机有来电或短信提示，便匆忙离席。仅从这一行为，便能看出其在营销之道上有所欠缺，原因在于他们未能很好地推销自己。一方面，一有电话就立即外出接听，这一行为实则反映出其自我管理能力的不足，手机本应是得心应手的工具，应由使用者掌控，然而他们却被手机所左右；另一方面，这也体现出他们不擅长自我营销。或许有人会质疑，称来电者是客户，而客户如同上帝，若不及时回应恐影响客户关系。固然，这种观点有一定合理性，但问题的关键在于他们未能成功地推销自己。

有一位大学生，毕业后进入一家房地产销售公司。刚入职时虽什么都不会，但有一股初生牛犊不怕虎的冲劲，与人交往时毫不怯场。然而，他在个人形象打理方面实在不尽如人意，显得邋遢随意。要知道，在置业顾问这一行业，统一着装是基本要求。但因他初来乍到，经济上不宽裕，购置一套数百元的西装对他而言确实是一笔不小的开支。

鉴于此情况，老板为他精心规划了外拓客户的任务激励机制。若在一天内能够成功寻找到 5 名精准客户，便可获得 800 元奖励；若能带两名及以上的客户来到销售部，奖励则提升至 1000 元；一旦促成交易，将能获得每单 3000 元的报酬。

他听到这一激励方案，顿时热血沸腾。可第二天，他却如霜打的茄子一般，垂头丧气地出现在老板面前，说自己不适合从事销售工作，想换个工作。

老板问他究竟发生了什么事。他起初欲言又止，一心只想辞职。老板先是安抚他，向他点明学校所学与社会现实之间存在着巨大差异，校园里的理论和模式在复杂多变的社会商业环境中往往难以奏效。之后，又耐心地开导他，并逐步剖析外拓客户可能遇到的种种困难情形。

待他平静下来后，老板问："这次外出寻找客户，你事先都做了哪些准备工作？"他自信满满地回应道，该准备的都准备了，专业知识也掌握得差不多了，可问题是当客户得知他是推销房子的，就对他不理不睬。

于是老板追问："那你是不是一见到客户就滔滔不绝地谈论房子，不停地夸赞我们的房子如何优质，大谈特谈投资房产的可观发展前景等？"他一脸茫然地回答："对啊，卖房子不聊房子，那还能聊什么呢？"

听后，老板说："你这可就大错特错了。销售过程中一味地强调自家产品的优点，而完全忽视客户的实际需求，这怎么行呢？"年轻人有些不解。老板解释说："你把销售的步骤搞错了，首先应该销售自己,再销售企业文化,最后才是销售产品。"

其实,在现实生活中,很多人都会犯和这个年轻人一样的"错误"。当客户花大价钱购买某件商品或某项服务时,一定会注重观察销售人员的形象。因为销售人员在某种程度上就如同商品或服务的形象代言人,其形象的优劣直接影响着客户内心的信任感与购买意愿。

如果销售员从头到尾只夸赞自己的产品有多好,全然不了解客户的实际需求,也未恰当地展示自我,即便说得再多也很难打动客户,尤其是在与陌生客户沟通交流时,一定要先展示个人的良好形象。例如:穿着要遵循整洁、得体且符合行业与场合氛围的原则;与客户交谈时,要用真诚、专注的目光注视对方,让客户感受到被重视,眼神既不能过于游离,也不能长时间紧盯而给人造成压迫感;开场白需礼貌谦逊,使用恰当的尊称,清晰简洁地表明自己的身份与来意;语速适中、语调平稳,措辞精准且通俗易懂,避免使用过于专业或晦涩难懂的行业术语,以免造成客户理解障碍;要耐心倾听客户的话,不随意打断,并用简短的回应如"嗯""是的""我理解"等来表示自己在专注聆听;适时给予客户肯定与赞美;等等。

总之,无论何种类型的销售,有效地展示自我都至关重要。特别是面对陌生客户,塑造良好的第一印象能够显著提高后续的成交概率。

一个销售员应有的硬性修养

很多人持有这样一种观点：在众多通往成功的路径中，销售或许是普通人步入成功或实现财富自由最近的一条路。

纵览诸多商业巨擘的发家历程，不难发现一个显著共性——他们皆起步于销售领域。这段早期的销售经历，恰似一块坚实基石，为他们日后铸就辉煌商业帝国奠定了不可或缺的基础，它涵盖了对市场的敏锐感知、与人沟通交往的卓越能力以及坚韧不拔的毅力等多方面关键要素。

可为何在庞大的销售队伍中，只有极少数人会成功呢？究其根源，在于那些成功的销售精英始终秉持着一个核心理念——从客户的需求出发，精准定位并全力提供与之匹配的价值，且始终如一地坚守一些硬性修养。这些修养并非与生俱来，而是在长期的销售实践中不断磨砺、逐步养成的。

1. 坚韧的意志与抗压能力

销售并非一帆风顺的坦途，它充满了拒绝、质疑、挫折乃至失败。一名销售员必须具备坚韧的意志和强大的抗压能力，才能在面对重重挑战时，保持积极心态，坚持不懈地向目标迈进。这并非简单的"坚持"，而是对自我认知和目标的深刻理解。

销售是一个概率游戏，每次尝试都可能失败，但只要概率大于零，持续努力，成功的可能性就会越来越大。这需要销售员对自己的目标有清晰的认识，并将其内化为强大的驱动力，以抵御外界的干扰和压力。

抗压能力的提升并非一蹴而就，需要长期锻炼，比如：关注当下，接纳负面情绪，避免被情绪左右；将大目标分解成小的、可实现的步骤，逐步完成，增强成就感；建立良好的团队关系，积极寻求同事和领导的支持与帮助，共同克服困难；认真总结每一次销售过程中的经验教训，不断改进销售策略和方法。

2. 深刻的同理心与沟通能力

销售的核心是人与人的沟通与互动。一名优秀的销售员必须具备深刻的同理心和卓越的沟通能力，才能真正理解客户的需求和痛点，建立信任和连接。这需要销售员超越自我，站在客户的立场上思考问题。

同理心的底层逻辑在于"设身处地"，它并非简单的"感同身受"，而是透过现象看本质，理解客户行为背后的动机、需求和情感。善于运用同理心的销售员，能够快速与客户建立信任关系，并通过有效沟通引导客户做出购买决策。他们会认真倾听客户的表达，理解客户的需求和疑虑；通过恰当的问题引导客户表达需求，了解客户的真实想法；用清晰、简洁、易懂的语言向客户传达产品或服务的价值，注重肢体语言、眼神交流等非语言沟通方式，增强沟通效果等。

3. 深厚的专业知识与技能

销售并非简单的"推销"，而是为客户创造价值。一名专业的销售员必须具备深厚的专业知识和技能，才能准确评估客户的需求，提供专业的解决方案，最终满足客户的需求。这体现了销售的专业性，而非投机取巧。

销售员提供的不仅仅是产品或服务，更是解决客户问题的方案及创造价值的过程。这需要销售员持续学习，不断更新知识和技能，跟上行业发展的步伐，这样，才能为客户提供更专业、更有效的服务。

专业的知识和技能包括：深入了解所销售产品的特性、功能、优势以及与竞争产品的差异化；了解行业发展趋势、市场动态以及竞争对手的情况；掌握各种销售技巧，如开场白、引导式提问、异议处理、成交技巧等；有效管理客户关系，建立长期稳定的客户关系等。

4. 良好的职业道德与品格

诚实守信是销售员最重要的职业道德。一个不诚实的销售员，即使取得短期成功，最终也会失去客户的信任，走向失败。信任是所有商业关系的基石，失去信任，一切都将崩塌。

在不少外行人眼中，销售是一份"肥差"，似乎有着诸多灰色收入。那些试图涉足灰色收入领域的销售人员，他们或许在短期内能够获取一些不当利益，但随着时间的推移，客户一旦发现自己受骗或被利用，必然会终止合作关系，并将这种负面经历传播开来，导致该销售人员声誉受损，口碑崩塌。

而那些坚守良好职业道德与品格的销售精英，凭借诚信积累的口碑与信任，不仅能够获得现有客户的长期支持与重复购买，还能通过客户的推荐与介绍，拓展新的客户资源，使自己的销售事业如滚雪球般不断壮大。

这些内在修养如同基石，支撑着销售技巧的施展，最终成就卓越的销售业绩，并构建起长期稳定发展的职业生涯。在瞬息万变的市场中，拥有坚实的自我修养，才能在销售的舞台上稳步前行。

销售中的正面沟通五步法

在销售过程中，不可避免地需要说服客户，一流的销售高手必然也是顶尖的沟通高手。沟通有时是为了交流感情，然而在销售场景下，其根本目的是促成最终成交。在此过程中，要使自己的观点得到更好的认同与接纳，不仅要深度洞悉客户的内心世界，还得掌握正面沟通方法。

所谓"正面沟通"，绝不仅仅是简单的言语交流，而是艺术与策略的精妙融合。它要求销售人员以积极、主动且具建设性的方式与客户互动，力求营造和谐、信任的沟通氛围，为成功说服客户筑牢根基。

为达成上述沟通成效，销售人员需要掌握正面沟通五步法。

第一步：积极倾听——理解需求，搭建桥梁

这不仅是听对方说了什么，更关键的是明白对方为何这样说，洞察背后的需求与情感。积极倾听的内在逻辑在于构建"同理心"。唯有设身处地理解对方的感受与想法，才能搭建起有效的沟通桥梁。

积极倾听时，需专注于对方谈话，防止分心，借助眼神交流、点头示意等肢体语言表明自己在认真聆听。同时，给予对方充足时间完整表达想法，切勿打断或插话。在倾听过程中，提炼关键信息与需求，避免遗漏重要细节。必要时，向对方提问，确保自己理解无误，防止误解产生。

积极倾听的目的，不单是获取信息，更是与对方建立情感纽带。

当对方感受到尊重与理解时，会更乐意敞开心扉，深入交流。

第二步：共情表达——展现理解，消除隔阂

站在对方角度，表达对其感受的理解。这并非单纯附和，而是通过言语与非言语方式，呈现对对方情绪和想法的共鸣。共情表达的底层逻辑是"情感连接"。唯有建立情感连接，才能更顺畅地化解沟通冲突，构建信任关系。

要更好地实现共情表达，需把握以下沟通要点：

一是精准识别情绪。准确判断对方的情绪状态，如快乐、悲伤、愤怒、焦虑等。

二是同理回应。运用恰当言辞表达对对方情绪的理解，如"我能理解你的感受""听起来你挺难受的"。

三是避免评判。不对对方观点与情绪妄加评判，保持客观中立。

四是表达关心。传递对对方的关心与支持，如"我很愿意帮你解决这个问题"。

共情表达能够有效驱散沟通中的负面情绪，筑牢双方信任根基，为后续沟通铺就坦途。

第三步：清晰表达——传递信息，杜绝误解

运用清晰、简洁、易懂的语言精准传达自身信息，避免误解。清晰表达的底层逻辑为"信息准确性"。唯有准确传递信息，才能规避沟通歧义，提升沟通效率。

清晰表达时，需留意以下几点：

一是结构明晰。将信息梳理成清晰架构，如运用逻辑顺序、主题句等。

二是语言简练。采用简洁明了的表述，避免专业术语或复杂句式。

三是避免歧义。不使用表意含糊的词汇，确保对方准确领会意图。

四是寻求反馈。表达完毕后，主动寻求对方反馈，确认信息精准传达。

清晰表达能够保障信息准确无误，减少沟通偏差，提高沟通效率。

第四步：寻找共识——锚定共同目标，迈向合作共赢

此环节着重聚焦精准挖掘双方共有的目标与利益契合点，全力塑造携手同行、互利互惠的合作态势。毕竟，只有精准锁定这一共同利益核心，才能充分激发彼此携手合作的热忱与内驱力，进而推动双方在关键议题上达成深度共识。

探寻共通之处时，要把握如下要点：寻觅双方共同或相近的兴趣、价值观或目标；凸显利益点，着重强调合作可为双方缔造的共同利益；必要时适度妥协让步，彰显合作诚意；为对方创造价值，满足其需求。

第五步：总结确认——达成协议，持续跟进

对沟通成果予以总结与确认，确保双方对达成协议的内容理解一致。

总结确认的关键要点有：复述沟通中达成的核心要点，必要时将协议书面化，预防日后纠纷；持续跟进沟通结果的执行情况，保障协议顺利落地。总结确认能够确保沟通成果的有效性与持续性，为后续合作筑牢根基。

正面沟通的五步法，并非刻板僵化的流程，而是一种沟通理念与方法论。在实际运用中，需依据具体情形灵活调适、持续优化。务必清晰认识到，它不单是销售技巧，更是通往有效沟通、构建良好人际关系的通途，助力销售人员化解冲突、凝聚共识、达成合作共赢。

先做行家，再做卖家

在当今商业环境发生深刻变革的背景下，传统销售观念与现代销售理念的碰撞越发凸显。传统的销售观念习惯性地聚焦于技巧与话术的运用，将短期业绩视为重中之重。但在信息传播飞速、透明度极高且客户越发成熟老练的现代商业大舞台上，传统的销售观念短板日益显著。如今的客户，历经市场洗礼，早已不再是几句花言巧语就能轻易哄骗的对象，他们内心深处真正期盼的，是源自专业的中肯建议、切实可靠的问题解决方案，以及能够长久维系的合作纽带。

于是，"先做行家，再做卖家"这一具有前瞻性的理念顺势而生，它旗帜鲜明地将专业知识与技能推举为销售迈向成功的根基，着重凸显专业素养在整个销售进程中的核心价值。

这里所提及的"行家"，绝不仅仅等同于普通的专业人员，其内涵指向在特定领域达到深耕细作境界，既有深厚知识积淀、丰富实操经验，又能独辟蹊径提出真知灼见的精英群体。对于奋战在销售一线的人员而言，努力成为这样的"行家"意味着要从以下几个关键维度发力：

其一，对产品知识的精研。这绝非浅尝辄止地知晓产品参数与基本功能，而是要深度探寻产品背后的研发故事、所依托的技术原理、精准的市场定位，以及相较同类产品脱颖而出的差异化亮点。而这一切，离不开持之以恒的学习态度，时刻保持知识储备与时俱进。

其二，精准把握行业动态。要求销售员对所处行业的发展走向、市场竞争的风云变幻、政策法规的调整更迭等都有入木三分的了解，从而能够以敏锐嗅觉捕捉稍纵即逝的市场契机，并迅速灵活地调整销售策略。达成这一目标，销售员需广泛涉猎专业资料，定期开展有深度、有质量的行业剖析与市场调研。

其三，深度洞察客户需求。不能仅仅停留在客户表面所表达的诉求，而要凭借专业素养与沟通技巧，深挖客户潜在的需求痛点，进而为其量身定制专属的解决方案。

其四，强化应变能力。通过大量实战案例的打磨，复盘总结经验教训，稳步提升解决各类问题的综合能力和从容应对突发状况的敏捷应变力。

不可否认，成长为行家之路漫漫，需要投入海量的时间与精力，持续不断地进行学习与经验沉淀。但恰是这般深厚扎实的专业素养，才能为销售活动筑牢根基，铺就通往成功的康庄大道。

一旦销售员历经千锤百炼，成功实现向行业行家的华丽转身，其所积攒的渊博专业知识与丰沛实践经验，便能释放出惊人能量——凭借犀利精准的市场洞察力、对产品入情入理的深刻理解力，为客户匠心打造极具针对性、饱含前瞻性的专业指导意见，搭配全方位、一站式的高品质服务，水到渠成地促成销售交易落地。

具体来讲，当销售员化身客户眼中当之无愧的"行家"时，将在以下诸多关键领域为销售活动注入澎湃动力：

1. 专业建议赋能

销售员能够凭借深厚专业功底，为客户呈献高水准的建议与行之有效的解决方案，切实助力客户攻克难题、创造可观价值。以汽车销售领域为例，一位久经沙场的汽车行家销售员，在接待一位频繁长途自驾且对驾驶舒适性、安全性有着严苛要求的客户时，能游刃有余地依据不同车型在底盘调校工艺、座椅人体工程学设计、主动安全配置等方面的专业知识，条分缕析各款车型的长短优劣，为客户精准锚定最贴合其需求的心仪座驾。不仅如此，还能针对客户后续的车辆保养、改装等纵深需求给出科学合理的专业指引，真正做到为客户排忧解难，赋予车辆独一无二的使用价值。

2. 定制服务赋能

紧密围绕客户的个性化诉求，精心打造专属服务，全方位满足客户的独特品位。不妨以高端服装定制销售场景为参照，行家型销售员会一丝不苟地测量客户身材数据，全方位了解客户的职业特性、穿着场景偏好以及个人风格喜好等细枝末节。继而从面料的严苛甄选、款式的匠心设计到每一处细节的精雕细琢，为客户量身定制出独树一帜的服装佳作，让客户在每一个高光时刻都能凭借这身专属定制尽显非凡魅力，圆满达成其个性化的时尚追求。

3. 风险规避赋能

聚焦金融产品销售场景，经验老到的行家能够倚仗对金融市场走势的精准预判、对各类金融工具风险属性的透彻洞悉，为客户精心规划资产配置蓝图。譬如，在股市跌宕起伏、波诡云谲之际，及时建议风险承受能力偏低的客户适度调高债券基金等稳健型产品的配置权重，巧妙规避市场风险，护航客户财富稳健增值，切实捍卫客户的核心利益。

4. 长期合作赋能

致力于构建稳固持久的客户关系，为持续的销售增长注入源源不断的动力。诸如一家办公用品供应商与某大型企业成功牵手合作后，为其精心建立客户档案，详细记录采购习惯、反馈意见与潜在需求；定期为企业呈上办公用品使用效率优化建议，依据企业规模扩张或业务转型动态适时推荐新产品，每逢佳节还贴心送上定制礼盒传递心意。正因如此，双方携手走过八年辉煌历程，采购金额逐年稳步攀升，供应商还顺势拓展了一系列关联业务合作，最终达成互利共赢、携手共进的美好局面。

总而言之，"先做行家，再做卖家"的全新理念，冲破了传统销售观念的桎梏，将专业素养的重要性提升到前所未有的高度，大力倡导销售员既要熟稔销售技巧，更要立志成为行业翘楚。

无数实践案例有力佐证，这一理念不仅能够显著提振销售业绩，更有助于培养长久稳固的客户关系。

先交朋友，后谈交易

过去，商业模式侧重于交易本身，将客户单纯视作潜在的利润来源。然而，在当下的现代商业环境里，这种以交易为核心的模式遭遇了越发严峻的挑战。如今的客户越发理性，越发重视消费体验，仅仅依靠单纯的交易行为，很难构建起长期稳定的合作关系。

"先交朋友，后谈交易"的理念着重强调在开启交易之前，先搭建起良好的人际关系，凭借所建立的信任，最终达成双赢局面。这一理念彰显了对人性的尊重以及对长期合作的注重。实际上，早在很久以前，人们就萌生了"先交朋友，后做生意"的商业思维。彼时，人们看重地缘上的相邻相近、血缘的天然纽带、姻缘的关联以及人缘的广泛积累，这也在情理之中，毕竟人都有情感诉求。

时至今日，在契约精神与专业主义主导的商业文明之下，纯粹的情感联络无法取代商业活动中的规则与操作流程，不能仅凭感情就敲定生意往来，更不能用其替代那些严谨且专业的商业程序。这便是人们常常下意识地倾向于与能给自己带来利益的人结交的原因，不过，这可不能简单地归结为"实用主义"或者"功利主义"在作祟。当然，这也并不意味着交朋友和做生意两者相互矛盾。

举例来说，倘若你看中了一套各方面都很合心意的房子，诸如地段、周边环境、开发商口碑、户型设计、面积大小、朝向采光以及价格等都无可挑剔，难道仅仅因为卖房的销售员不是你的好友，你就果断放弃购买了吗？又或者说，就因为销售员是你的好朋友，你便不签购房合同了吗？再譬如，当你身患重病，眼前就有一位全国知名的医学专家，你会因为跟他不熟、并非朋友，就放弃找他看病吗？

《论语》开篇提到："有朋自远方来，不亦乐乎？"平日里，我们大多以为这句话只是在说有朋友从远方赶来，自己高兴至极。但孔子的本意当真如此简单吗？在《论语》中，"朋"字出现的频次寥寥无几，"友"字却现身近百次，这足以表明"朋"和"友"属于不同的概念。

在古代一段时期，贝壳充当货币，五个贝壳穿成一串（亦称一"系"），两串（系）便称为一朋。因而在那时，"朋"大多指代利益，或者是能够带来益处的人。而"友"指的是一同做事的人，就像棋友是一起下棋的人，酒友是一块喝酒的人，车友是一道开车出去玩的人。在如今的商业语境下，"朋友"并非宽泛地指普通熟人或社交圈子，而是指基于共同价值观、共同利益以及相互尊重的深层次联结。

那么，在商业活动中，究竟该如何践行"先交朋友，后做生意"呢？

1. 前期建立联系：主动出击，创造机会

身处生意场，切不可被动等待机遇上门，而要积极主动地寻觅潜在朋友。例如参加各类行业展会、研讨会、商会活动等，这些场合汇聚了大量同行、上下游企业以及相关领域的专业人士。有一位办公用品销售业务员，听闻本地即将举办一场大型企业管理峰会，便踊跃报名参加。在峰会上，他主动与参会企业的行政部门负责人展开交流，起初并不谈及业务，而是以对会议内容的感悟以及对企业管理话题的探讨作为切入点，交换名片并留存联系方式。

此外，还可以借助社交媒体平台，精准搜寻目标客户或合作伙伴，发送个性化的添加好友请求，附上简短且诚挚的自我介绍与交流意图，以此突破地域与时间的限制，拓展人脉圈子。

2. 中期加深了解：真诚沟通，创造价值

在有了初步联系之后，深入且真诚的沟通显得尤为关键。在交流过程中，不仅要聚焦业务需求，更要洞悉对方的价值观、兴趣爱好以及长远目标。

例如，一家广告公司在与一位潜在客户初次接触后，了解到客户对公益事业满怀热忱。于是，广告公司在后续的沟通中，分享自家公司曾经参与的公益广告案例，并一同探讨如何将公益理念融入商业宣传之中，这让客户真切感受到了彼此价值观的契合。与此同时，积极为对方创造价值，诸如提供行业最新动态、极具价值的市场分析报告或是一些精心甄选的创意点子。

3. 后期建立信任：持续维护，互惠互利

友谊的稳固离不开持续的维护，切莫在建立联系之后便人间蒸发，要保持不间断的互动。例如，定期回访，在节假日、纪念日为对方送上祝福或是小礼品。有一家原材料加工企业与一家制造企业存在业务往来，当原材料市场价格出现波动时，加工企业主动与制造企业协商，依据成本变化合理调整价格，携手共担风险。制造企业在业务拓展之际，也优先将新订单交付给这家加工企业。通过这般长期的信任构建，双方不但在现有业务上合作顺遂，还持续探索新的合作领域，实现共同成长与发展。

总而言之，先交朋友，后谈交易，借助朋友关系筑牢信任根基，不但能够削减交易风险，营造心理上的安全感，还能凭借深度交流挖掘潜在需求，整合各方资源以实现价值共创，进而为商业活动的持续、稳定与拓展筑牢坚实且有力的基础。

第四章

销售不是打嘴仗,而是拼心理

真正的销售,是一场攻心之战。只有让每一次销售成为心灵的契合之旅,摒弃那种类似激烈辩论赛的对抗模式,方能在客户的内心深处悄然种下信任与认同的种子,进而达成情感与需求的双向奔赴。

成功的销售从心理开始

不少人认为，销售就是滔滔不绝地介绍产品，进而"强迫"客户购买。这种观念大错特错！成功的销售，更像是一场心理博弈，需要洞察客户的需求，了解客户的心理，并巧妙地引导对方做出购买决策。

有句话说得好："如果想钓到鱼，你就得像鱼那样思考，而不是像渔夫那样思考。"对鱼的习性了解得越透彻，就越能收获满满。这个道理同样适用于销售领域。

销售的过程，本质上是销售员与客户之间的一场微妙的心理较量。从与客户见面开始，这场心理博弈的大幕便已悄然拉开。

古人讲："知己知彼，百战不殆。"做销售也是如此，须摸透客户的心思。那么如何去了解呢？最简单有效的方法便是换位思考。碰到问题时，多从客户的角度去思考，假如自己是客户会怎么想、怎么做。若能真正设身处地为客户考虑，便能明白他们的真实需求，销售时也会更有把握。

换言之，不要仅仅将自身局限于销售员的角色定位，而应深度代入客户的视角，全方位地去感受与体悟。这也是顶尖销售员常秉持的一种心态。他们始终以客户视角去审视产品或服务所能提供的价值，在推荐时不再机械地罗列卖点，而是精准地匹配客户内心渴望的解决方案。

下面是顶级销售员常用的几种实操方法：

1. 充分换位思考法

在日常生活中，想让他人帮个忙，需先了解对方的意愿。做销售也是如此，不仅要知道客户的需求，还要搞清楚他们为何会有这种需求，即探求客户需求背后隐藏的心思。要达到这一目的，换位思考是最为有效、直接的方法。

进行换位思考时，需摒弃自身的销售立场，全身心沉浸于客户的角色情境之中。比如，设想自己是一位面临预算限制的小型企业主，面对一款高价办公设备时会如何权衡利弊。要从客户日常的工作流程、面临的业务挑战到其个人的喜好与顾虑等方面，一一考虑。思考客户在众多同类产品中为何会选择或拒绝自己的产品，是因为功能差异、价格因素，还是品牌形象等。通过这样细致入微的换位思考，能够提高对客户心思的把握程度，预判其反应，进而制定更贴合对方心理的销售策略，大大提高销售成功的概率。

2. 情境模拟法

顶级销售员会在头脑中构建客户使用产品或享用服务的各种场景，想象客户在不同情境下的体验与感受，并生动地向客户描绘使用时的美好"画面"，以增强客户的购买意愿。

在采用情境模拟法时，需深度融入客户的生活与工作场景。比如，销售一款家庭清洁机器人时，要想象客户在忙碌一天下班回家后，面对杂乱房间的疲惫与无奈，此时机器人如何自动开启清扫模式，为客户减轻家务负担，让其能安心休息放松。再如，销售企业管理软件时，要模拟客户在处理复杂项目流程、协调部门间工作时，软件怎样精准地提供数据支持、优化任务分配，使工作效率大幅提升，让客户感受到在各种棘手情境下，产品都是得力助手。

通过这种情境模拟，销售人员能真切体会客户在不同情境中对产品功能、便捷性、可靠性等方面的心理预期与需求，进而在销售过程中有针对性地展示产品特性，用生动形象的描述让客户身临其境般看到产品的实际效用，从而有效触动客户内心，激发其购买欲望。

3. 反馈试探法

反馈试探法是销售人员洞察客户心理的有力手段。在销售过程中，销售人员可以巧妙地提出一些有针对性的问题或给出特定情境假设来试探客户的反应。比如，在推销健身课程时，询问客户："如果我们的课程增加了户外拓展训练环节，您觉得会对您的健身效果有多大提升呢？"根据客户的回答，大致能判断出对方对课程丰富度的关注程度。若客户表现出浓厚兴趣，说明其渴望多元化的健身体验，追求更全面的锻炼效果；若反应平淡，则可能更在意基础课程内容质量。又比如，推销电子产品时，问客户："如果这款手机超长续航与超高速快充功能兼备，您是否愿意购买？"通过观察客户的表情、语气和回答内容，销售人员可以精准把握客户内心对于产品不同特性的权衡与偏好，从而及时调整销售策略，突出产品契合客户心理需求的优势。

4. 需求层级挖掘法

优秀的销售人员深知客户需求具有不同层级，从基本功能需求到情感与自我实现需求。在销售过程中，先确保产品满足客户的基本需求，如购买一辆汽车，先保证其安全性、舒适性等基础性能，进而挖掘客户更高层级的需求，比如，彰显客户的身份地位、符合环保理念等。

通过满足不同层级的需求，销售员能与客户建立更深层次的情感连接，使客户不仅仅是购买产品，更是在追求一种生活方式或价值体现，从而极大地提高客户购买的可能性与忠诚度。

综上所述，成功的销售离不开与客户心理的深度契合，它犹如一把精准的钥匙，能开启客户内心深处的需求之门，从而实现销售效益的最大化与客户满意度的全方位提升。

不可不知的销售心理学效应

但凡有经验的销售员,都有过这般感受:在成交这件事上,每个客户心里似乎都揣着个小算盘,打着一连串复杂又微妙的主意。诸如买多少合适,价格划不划算,究竟怎样达成这笔买卖,采用何种方式付款,等等。而且,不同的客户,心里那本经念得全然不一样。

从心理学视角来看,客户在成交阶段呈现的这些复杂各异的心理活动,实则反映了其内在的认知、动机以及情绪等诸多因素。每个人基于过往的消费经历、当下的经济状况、自身性格特质以及对商品价值的独特评判等,形成了不同的心理决策机制。正因如此,销售员若想在销售进程中精准把握客户心理,促成交易,就需运用恰当方法契合客户心理。

为此,在销售过程中,务必把握好以下几种销售心理学效应。

1. 焦点效应

心理学家曾做过一项实验:让一名大学生身着名牌 T 恤走进教室。这名学生原本预想"大概能有一半同学留意到我的名牌 T 恤",然而结果却出人意料。最终统计显示,仅有 23% 的人注意到了。

该实验表明,人们总是下意识地放大别人对自己的关注程度,并且由于过度关注自身,会高估自己在他人心中的位置。在心理学领域,这种现象被称作"焦点效应"。

在销售场景中,这一效应体现得格外显著。客户常常不自觉地认定自己是销售场景里的焦点，他们的每一项选择、每一次表达都会被销售员密切留意并评判。聪慧的销售员会巧用顾客的这种心理，自始至终将客户奉为"主角"，以此快速推进销售流程。

2. 价格心理学

销售人员懂得价格心理学，是促成交易的关键要素。

首先，在报价环节，若非迫不得已决不率先开口，若先出价则务必高于底价，预留降价缓冲区间，如此在价格博弈中便能拥有更多周旋余地。

其次，主动试探客户心理价位。例如，可以询问："您之前了解过类似产品大致在什么价位区间？"通过这番试探，销售员能够大致摸清客户的价格敏感度与期望范围，进而拟定更具针对性的出价策略。

最后，善于运用"魔力价格"。像 9.9 元、99 元这类比整数稍低的价格，在客户的心理认知中独具魅力。从心理学层面剖析，这种定价方式会让客户产生一种价格低廉的错觉。

3. 说服心理学

说服客户的关键要点之一，是率先了解客户的心理状态、认知模式与情感反应，继而利用这些洞察设计沟通策略。譬如，人们在面对全新的信息或抉择时，往往会启动一定的心理防御机制，本能地对他人的劝说心存疑虑。运用说服心理学，便能巧妙避开这种防御。比如，客户提问："你们和 A 品牌相较有何优势？"倘若你滔滔不绝地作答，便会落入对方预设的陷阱。正确的做法是，先询问对方对 A 品牌的看法，随后再有针对性地回应。在此过程中，可依据客户的反应，运用如下技巧：

一是善用"二选一"策略与"双重束缚"技巧，引导客户做出抉择。

二是着重构建共同信念与价值，多使用"我们"营造亲近感与合作氛围，以"同时"取代"但是"，规避对立感的产生。

三是遵循先易后难准则，率先从细微之处入手说服客户，逐步构筑信任与认同，进而达成最终的全面说服。

四是采用迂回策略，借助暗示性言语，如"诸多像您这般有品位的客户在使用我们产品后都感受到了生活品质的显著提升"，于潜移默化中左右客户决策。

4. 卖点心理学

所谓卖点，即产品或服务所具备的，能够吸引消费者购买的特性、优势或价值亮点。不论是售卖产品还是服务，倘若连卖点都阐述不清，就别奢望客户会下单。

讲述卖点时，须把握如下几个原则：

一是卖点要能够精准直击客户内心深处的痛点。

二是彰显出专业素养。专业是卖点的根基支撑。

三是切勿故弄玄虚。卖点要通俗易懂，便于理解。

四是适度发挥"权威效应"。权威背书本身就是绝佳卖点之一。

5. 服务心理学

销售人员要深度探究客户在接受服务过程中的心理变化规律以及期望诉求，进而优化服务策略，打造卓越的客户体验。例如，客户期望获得及时且有效的回应，所以在咨询问题时，迅速的解答会让他们体会到被重视，反之，则容易使其产生被冷落的负面情绪。此外，要充分落实跟踪服务，让客户对你印象深刻。要知道 80% 的销售是在 4~11 次跟踪服务后达成的。总之，给予客户超脱买卖关系、毫无功利性的服务，更易打动客户。

销售绝非打嘴仗，任何时候，耍嘴皮子都不如用心，这是销售的一条铁律。唯有将心比心，将真诚与关怀融入销售的全流程，方能打破客户的心理防线，构筑起稳固且长久的客户关系，让销售行为不再是一场短暂的交易博弈。

利益不在于多少，而在于平衡

下面的场景颇为常见：销售人员为了签下一笔大单，不惜采取种种手段，然而最终交易未能达成，双方闹得不愉快甚至不欢而散，更有甚者对簿公堂，落得个两败俱伤的下场。与之相反，有些销售人员看似仅赚取微薄的利润，却能够与客户构建起长期稳定的合作关系，最终斩获丰厚回报。

由此可见，真正卓越的销售，绝非单纯地追求利益最大化，而是讲究一种精妙绝伦的平衡艺术，需要在短期利益与长期价值、客户需求与企业利益、个人目标与团队目标之间寻觅到最佳平衡点。部分销售人员为了追求利益最大化，尤其是着眼于短期利益时，常常会忽视客户关系的维护以及长期价值的创造。这般短视之举，到头来只会造成客户流失、口碑受损，实在是得不偿失。

有一句俗语说得好："财聚人散，财散人聚。"从某个侧面来讲，阐述的正是这个道理。很多时候，销售之所以能够顺利推进，一个至关重要的原因在于双方均认为这笔交易能让自身有利可图。倘若一方执意独占全部利益，不愿让出些许利益空间，即便这笔交易成交了，大概率也只是一锤子买卖。

为了更为妥善地平衡与客户的利益关系，在销售进程中，商家须牢牢把握以下几个交易原则：

原则一：定价与价值匹配

依据产品或服务的成本、市场需求以及竞争态势，构建合理的价格体系，力求让价格精准反映产品的价值。

例如，某软件公司推出一款面向企业的办公软件。在定价环节，公司相关人员细致剖析了软件开发成本、服务器维护成本、后续升级成本等诸多要素，同时针对市场上同类型软件的功能与价格展开调研，察觉到自家软件在项目管理协同功能方面独具优势，于是针对不同规模的企业制定了分层定价策略。对于小型企业，推出基础功能套餐，定价相对较低；面向大中型企业，则增添高级功能模块并适度提高价格。一家中型企业在比对多款软件后，发觉该公司的这款软件尽管价格并非市场最低，但鉴于其功能与自身业务需求高度契合，深感物有所值，最终敲定购买意向，达成了双方的利益平衡。

原则二：提供个性化增值服务

深度洞悉客户的特殊需求与痛点，提供超出标准产品或服务范畴的个性化增值服务，扩充客户所能获取的整体利益，如此一来，交易将更易于达成。

举例而言，一家办公用品供应商与某大型企业维持着长期合作关系。供应商了解到该企业时常有紧急的办公用品采购需求，并且对办公用品的环保性要求颇高。基于此，供应商为其搭建了专属的快速响应通道，承诺在接到紧急订单后的 2 小时内发货，同时定期提供环保办公用品的新品推荐与试用服务。企业借此降低了因办公用品短缺引发的办公效率损耗，企业形象也得到提升；而供应商则凭借长期稳定的订单与良好的口碑，加固了与该企业的合作纽带，双方利益均得到显著提升。

原则三：灵活的折扣与优惠策略

参照客户的采购量、合作频率、付款方式等因素，制定灵活多变的折扣与优惠方案，以此激励客户达成更多交易，并优化双方的资金流周转状况。

某服装批发商面向零售商客户，制定了如下优惠策略：单次采购金额达到 10 万元，给予 5% 的折扣；倘若零售商能在 30 天内结清货款，再额外给予 2% 的现金折扣；对于长期合作且年度采购量超过 50 万元的零售商，以年底返还 3% 的年度采购金额作为奖励。有一位零售商原本每次采购金额在 8 万元上下，为了获取折扣，调整了采购计划，增大单次采购量并提前付款。批发商则因销售量攀升与资金回笼加速而获益匪浅，双方在利益平衡中实现了合作升级。

原则四：建立长期合作激励机制

与客户携手规划长期合作目标，并设立相应的激励举措，确保双方在长期合作历程中有源源不断的动力去维系与拓展合作关系。

某汽车零部件制造商与一家汽车主机厂携手合作。双方签署了为期 5 年的合作协议，约定在合作期间，若零部件制造商能够持续确保产品质量达到或超越行业标准，且每年能配合主机厂完成一定比例的成本降低目标，主机厂将在后续新车型零部件采购中优先考虑该制造商，并给予一定比例的订单增长奖励。在合作进程中，零部件制造商经由优化生产工艺、强化质量管控，达成了成本降低与质量提升的双重目标，主机厂也因稳定的零部件供应与成本把控而增强了整车竞争力。

真正有远见卓识的生意人心里都明白，做生意绝非自己一人独占好处，关键在于各方皆能获利，达成共赢局面。倘若一心只想独赢，妄图营造垄断格局，那必然是众人皆不愿见到的景象。唯有各方利益均沾，构筑"利益共同体"，方能将事业的版图不断拓展。彼此协作，方能助推生意规模持续扩大。因而，那些具备大格局的生意人或是出色的销售人员，在价格或利益的博弈中，最终都会选择合作共赢这条长远的合作之路。

打好价格心理战的前提条件

在销售领域中,价格心理战是一场看不见硝烟却异常激烈的较量。价格心理战的核心原理在于,利用消费者对价格的敏感度来左右其购买决策,而非单纯的价格竞争。它关注的是消费者对价格的感知和解读,以及由此产生的心理反应。通过精准把握消费者心理,运用价格策略影响消费者的购买行为,最终实现销售目标。

通常,价格心理战融合了经济学、心理学和市场营销学等多学科知识。成功开展价格心理战,需深入了解消费者心理,并结合自身产品和品牌定位,制定有效的价格策略,以达成赢利和占据市场的目标。因此,打价格心理战并非易事,它不等同于单纯的低价策略。若要开展价格心理战,须满足一些关键前提条件。

1. 透彻的目标客户群体心理洞察

不同人群对价格的敏感度差异显著。高端客户更注重产品质量、品牌形象和服务体验,对价格相对不敏感;而低端客户则对价格极为敏感,更看重性价比。只有精准定位目标客户群体,才能制定有效的定价策略,进而开展价格心理战。例如:针对高端客户,可采用高价策略,突出产品的稀缺性与独特性;针对低端客户,则应突出产品的性价比和实用性。盲目追求低价,反而可能导致失去目标客户群体。

2. 精准的成本核算与价值评估

这是打好价格心理战的基础。商家必须清晰知晓产品或服务的成本构成，包括直接成本（如原材料、生产加工费用等）和间接成本（如管理费用、营销费用等）。唯有明确成本底线，制定价格策略时才能有据可依，避免盲目降价导致亏损，或因过高定价而失去市场竞争力。例如，一家手工皮具店制作一款真皮手袋时，须考虑皮革的采购成本、工匠的制作工时费用、店铺租金分摊以及营销推广费用等。经详细核算，这款手袋的总成本为500元。同时，商家还须对产品的价值进行评估，鉴于此款手袋采用高级皮革材质，由经验丰富的工匠精心制作，设计独特、工艺精湛，其在市场上的价值定位在800～1000元。基于这样的成本与价值分析，商家便可制定合理的价格区间，既能确保盈利，又能让消费者感到物有所值。

3. 深入的市场调研与竞品分析

了解市场动态和竞争对手的价格策略是打好价格心理战的关键。商家要研究市场的供求关系、消费者的购买力水平以及行业的价格趋势等，同时，要对竞争对手的同类产品或服务的价格、品质、促销活动等进行详细分析，找出自身的优势与劣势，从而制定差异化的价格策略。

以智能手机市场为例，某国产手机品牌在推出新款手机前，深入调研市场发现，当前市场上高端旗舰手机价格普遍在5000～10000元，而竞争对手的同配置手机价格多在6000～8000元。该品牌通过分析自身在拍照技术、快充功能以及售后服务方面的优势，决定将新款手机定价为6500元，并搭配赠送价值500元的手机配件和一年的免费上门维修服务。这样的价格策略既在价格上具备一定竞争力，又通过增值服务凸显了产品的差异化优势。

4. 灵活的价格调整与应变机制

鉴于市场环境和消费者需求不断变化，商家须具备灵活的价格调整能力和快速的应变机制。在销售旺季或淡季、面对不同客户群体以及竞争对手价格变动时，能够及时调整价格策略，以适应变化并保持竞争优势。

例如，一家酒店在旅游旺季，因游客需求旺盛，会适当提高房价，在旅游淡季则推出各种折扣套餐吸引客源。又如，电商平台在"双11"等促销活动期间，商家会根据竞争对手的促销力度和消费者的购买热情，实时调整商品价格和优惠活动，如增加满减额度、赠送更多赠品等，以刺激消费者下单购买。

综上所述，只有满足这些前提条件，商家才能在价格心理战中运筹帷幄，制定有效的价格策略，在保证一定利润空间的同时，最大限度地满足消费者的价格预期与价值感知需求，进而以价格为杠杆撬动市场份额的扩大与品牌忠诚度的提升。

客户更喜欢的是自己被认同

在激烈的商业竞争中，企业都在绞尽脑汁探寻客户内心真正的需求，以获取竞争优势。大量的市场研究与实践观察已经证明，客户更喜欢自己被认同。这一现象看似简单，实则蕴含着深刻的逻辑：人作为社会性动物，内心深处始终怀揣着被他人理解、尊重与接纳的强烈愿望。在消费场景中，这种心理需求被进一步放大并投射到与商家的交互过程中。

当客户提出自身的想法、偏好或担忧时，他们实际上是在寻求一种外界的呼应与肯定。如果销售员能够精准捕捉并积极认同客户，就如同在双方之间搭建起了一座情感桥梁，能让客户瞬间感受到自己是被重视的个体，而不仅仅是一个交易对象。

从认知心理学角度看，认同能够有效降低客户的心理防御机制。在面对新的产品或服务时，客户往往会因信息不对称或过往经验而心存疑虑。然而，一旦他们的观点得到商家认可，就会在潜意识里将商家视为"自己人"，进而更愿意敞开心扉去接纳商家所提供的信息与建议。

另外，被认同有助于客户构建积极的自我形象。在消费过程中，客户的每一个选择都在一定程度上反映了他们对自我身份与价值的认知。当企业认同客户的选择时，就像是在为他们的自我形象背书，强化他们内心的自信与满足感。

有一家美妆店，以其卓越的客户服务著称，店家的一个重要策略就是认同顾客。一次，有位年轻女士走进店里，想要挑选一款适合自己肤质的粉底液。她向店员诉说了自己之前使用其他品牌粉底液后出现的一些皮肤问题，如干燥、卡粉等，并表达了自己对天然成分化妆品的偏好。

店员认真倾听后，回应道："您对自己的肤质了解得很透彻，而且选择天然成分的化妆品是非常明智的，现在很多人都忽视了化妆品对皮肤的长期影响。我们店有一款新到的粉底液，它采用了多种天然植物精华，专门针对干燥肤质设计，能够有效保湿，同时呈现自然的妆效。"女士听后，非常高兴地试用了这款产品，并最终购买。

在这个案例中，店员通过积极倾听和肯定顾客的观点与选择，让顾客感受到了被认同，从而顺利促成了交易。

那么，在不同的销售场景中，如何巧妙地表达对客户的认同呢？

1. 积极倾听与回应

这是认同客户的基础。销售人员要给予客户充分的表达机会，不打断、不敷衍。与客户讲话时，保持专注的眼神交流，并用点头、微笑等身体语言表示在认真倾听。听完后，及时给予回应，总结客户的观点或需求，以显示自己真正理解了他们的意思。例如，在汽车销售中，顾客可能会抱怨之前汽车的某些使用不便之处，销售人员可以说："您提到的这些问题确实很影响驾驶体验，我们这款车针对这些方面进行了专门的优化设计，比如……"通过这种方式，既认同了顾客的感受，又巧妙地引出了产品的优势。

2. 肯定客户的观点与选择

无论客户的观点是否与主流一致，或者其选择看似不合理，都要先给予肯定。可以从客户思考问题的角度、独特的见解等方面入手。比如，在电子产品销售中，顾客可能会选择一款配置并非最高但外观设计独特的产品，这时销售人员可以说："您很有眼光，这款产品的外观设计确实是一大亮点，它采用了独特的设计元素，不仅美观而且非常符合人体工程学，能给您带来不一样的使用感受。"这种肯定会让顾客感到自己的选择是明智的。

3. 赞美客户的品位与判断力

适当地赞美客户能够极大地提升他们被认同的感觉。赞美要具体、真诚，避免空洞地夸赞。例如，在艺术品销售中，顾客对一幅油画表现出兴趣，销售人员可以说："您对艺术的鉴赏力真的很高，这幅油画是×××这位名家的代表作之一，其色彩运用和笔触风格都独具特色，一般只有对艺术有深入理解的人才能欣赏到它的美，您一下就被它吸引，说明您在艺术领域有着非凡的品位。"这样的赞美会让顾客对自己的审美能力充满自信，同时也会对产品产生更高的好感度。

在销售过程中，表达对客户的认同不仅会提升其购买体验，也会极大地促进双方之间的信任关系，为后续的长期合作奠定坚实基础。

利用好消费者的"心理盲点"

人类的认知能力是有限的,面对纷繁复杂的商品信息时,消费者难以做到全面了解和精准判断,这就导致了信息不对称的存在。而销售员可利用这种信息差制造"心理盲点",有效提升销售转化率。需强调的是,这并非操纵消费者,而是通过理解消费者,为其提供更符合需求的产品和服务。

那么,什么是消费者的"心理盲点"呢?"心理盲点"并非指消费者的缺点或弱点,而是指他们在做购买决策时,易受某些因素影响,进而忽略客观事实或理性判断发生认知偏差。这些偏差源于人类大脑的认知机制和情感倾向,是普遍存在的心理现象,例如,人们易受权威影响、易受群体压力左右、易被稀缺性刺激等。

那么,该如何巧妙利用消费者的"心理盲点"来有效引导其购买行为呢?可把握好以下几个心理"效应"。

1. 从众效应

人们天生有跟随大众的倾向,潜意识里认为多数人的选择往往是正确的。商家敏锐地捕捉到这一点,在一些电商平台的商品详情页显著展示"已售出××件""好评率××%"等信息,让消费者直观感受产品的受欢迎程度。众多品牌也会精心打造口碑,通过消费者之间的"病毒式"传播,使产品迅速走红。比如,某些网红餐饮店铺,开业初期会邀请大量美食博主和网红前来体验,借助他们在社交媒体上的影响力，营造出门庭若市的景象，吸引众多消费者跟风前往，即便需排队等待也在所不惜。

2. 稀缺效应

人们对稀缺物品的渴望源于对产品独特性和价值感的追求。奢侈品品牌常推出限量款产品，数量稀少且价格高昂，却依然备受追捧。这些限量款不仅满足了消费者彰显身份地位的需求，更因其稀缺性引发了强烈的购买冲动。商家还经常通过"秒杀"活动发挥这种效应，即在特定时间内提供数量有限的极低价格商品，消费者为抢到心仪商品，会在活动开始前守在屏幕前全神贯注等待抢购时刻的到来。

3. 锚定效应

商家先设定一个较高的价格作为"锚点"，随后进行打折促销。消费者对比原价和折扣价后，会觉得自己获得了极大优惠，从而更易做出购买决定。例如，某服装品牌，新款上市时定价较高，一段时间后推出折扣活动，消费者看到折扣幅度较大，便认为自己捡到了便宜，忽略了商品本身的成本和真实价值，欣然购买。

4. 损失厌恶效应

由于人们对损失的厌恶远超对获得的喜悦，商家通过强调"错过将非常可惜""限时优惠即将结束"等话术，给消费者施加心理压力。电商平台设置的"倒计时"便是典型例子，消费者看到优惠时间一分一秒流逝，担心错过难得的折扣，便会匆忙下单。如健身俱乐部推出"限时特价会员活动，错过不再有"，促使消费者在紧迫感下完成交易。

5. 框架效应

商家通过不同的信息框架引导消费者作出不同选择。将产品描述为"90% 无脂肪"而非"10% 含脂肪"，虽表达的实质内容相同，但前者更突出产品优点，更易吸引注重健康和身材管理的消费者。这种对信息框架的巧妙运用，能够在潜移默化中影响消费者的认知和购买意愿。

6. 权威效应

权威效应借助人们对权威人士的信任来提升产品的可信度。医疗保健品邀请医生代言，借助其专业形象，让消费者相信产品的功效和安全性。找明星代言也是常见手段，明星的知名度和粉丝基础能够迅速提升产品的知名度和吸引力。例如，某化妆品品牌邀请知名女星代言后，产品销量大幅增长，因为粉丝往往会因对明星的喜爱和信任而尝试购买其代言的产品。

综上所述，商家若能精准把握消费者的这些心理效应，并合理运用到营销策略中，就能在市场竞争中占据有利地位，有效引导消费者购买行为，实现商业目标的达成与品牌价值的提升。但同时，商家也应秉持诚信原则，避免过度利用消费者心理而导致信任危机。

"底价"并非低价，而是最佳性价比

在与消费者的心理博弈中，价格往往是最敏感的因素。许多人认为，顾客追求优惠，就是为了以最低的价格买到商品，这种理解过于片面。真正的"底价"并非指价格最低，而是指在特定条件下，性价比最高的价位，是综合考虑价格、质量、服务等多重因素后的最优解。简单来说，就是用最少的钱，买到最合适的商品或服务。

1."底价"的本质是价值最大化

"底价"的本质是价值最大化。在商业世界里，底价并非局限于价格数值的最低限度，而是着眼于产品或服务所蕴含的综合价值的最优呈现。它考虑的是在满足消费者核心需求的基础上，如何巧妙地平衡品质、功能、服务以及成本等多方面要素，以实现价值的全方位拓展与深化。例如，一款精心打造的智能手表，其底价并非单纯追求价格低廉，而是通过整合先进的健康监测技术、便捷的智能交互功能、时尚精致的外观设计以及可靠的售后保障，在合理的价格区间内为消费者提供远超其价格标签的使用体验与心理满足感。

这种价值最大化的底价策略，不仅能让消费者在购物时感受到物超所值，更能促使企业在长期的市场竞争中凭借高附加值的产品或服务赢得声誉和客户忠诚度，从而构建起一种互利共赢的商业生态。

2.孤立的底价与最佳性价比底价

底价往往只是一个孤立的价格点。若一种产品或服务一直以底价出售，是违背基本商业逻辑的，很可能伴随着产品质量的缩水、功能的缺失或售后服务的不到位。比如，一些超低价的"山寨"电子产品，购买时价格虽低，但可能不久就会出现故障，维修成本高昂甚至无法维修，最终消费者不得不重新购买，总成本反而更高。而最佳性价比的底价则是在一个完整的消费逻辑链条上进行优化，它考虑了产品的全生命周期成本，包括购买成本、使用成本、维护成本以及可能的升级成本等。当我们购买一件商品时，不仅仅是在支付当下的价格，更是在为后续的使用体验和潜在风险买单。

3. 底价对顾客心理预期的影响

底价对顾客心理预期的影响不容小觑。当一件商品以较大折扣呈现于顾客眼前时，如原本价格高昂且很少降价的某知名品牌运动鞋，某次促销打出五折优惠，顾客内心原本对其价格的预估会被瞬间打破，潜意识里会迅速计算节省的金额，感觉自己像获得了一笔意外之财，仿佛不是在消费，而是在赢利。这种强烈的心理反差所带来的满足感极为强烈，能有效激发顾客的购买冲动，使他们更倾向于立即下单购买，从而在很大程度上推动了交易的达成。

4. 要求底价与压价的区别

消费者要求底价不等于压价。在商业交易与日常消费场景中，消费者提出底价诉求并非无理的压价行为，其背后隐藏着更深层次的需求，即希望在有限的预算内，最大化地获得价值，这才是要求底价的真正动机。例如，一家企业采购人员在为公司购置办公设备时，并非一味强求供应商给出最低价格，而是期望在既定的采购预算下，能够收获性能卓越、耐用且售后服务周全的产品，使每一分投入都能转化为高效的办公产出与长期的效益保障。消费者是在寻求一种性价比的最优解，以实现自身资源的高效配置与价值的充分挖掘，而非单纯地削减价格数字。

在过去，消费市场信息严重不对称，商家常利用消费者对价格的敏感，以低价陷阱吸引顾客，然后通过其他手段弥补利润。但随着互联网的普及，信息更加透明，消费者能更全面地了解产品的各项信息，这促使商家不得不从单纯的价格竞争转向性价比竞争。真正理解"底价"为最佳性价比的商家，会在产品研发、生产、销售和服务的每一个环节进行精细化管理和创新。

第五章

销售不是搞定人，是解决用户痛点

销售，不仅仅是一场人际心理博弈，更是一种对用户痛点的深度聚焦与洞察。它要求销售人员摒弃传统的单纯推销话术，不再仅着眼于说服客户掏钱购买，而是要化身解决问题的专家，解决用户痛点。

不解决痛点，卖点再好等于零

如今，众多企业在产品营销之际，热衷于罗列产品的各类卖点，企图借此吸引消费者的目光。然而，他们却屡屡忽略一个至为关键的核心要素，那便是"用户痛点"。不化解用户的痛点，即便卖点再出色，也等同于零。

所谓卖点，通常是指产品所拥有的独特优势、别具一格的功能或新颖别致的特性，诸如先进的技术、时尚的外观设计、卓越的性能表现等。这些卖点在企业的宣传推广进程中被不断放大，成为诱导消费者掏腰包的关键因素。不过，倘若这些卖点不能与用户切实的痛点紧密挂钩，那么对消费者而言，它们不过是些无关紧要的点缀罢了。这就仿若向一位口渴难耐的人售卖香水，无论怎样渲染香水的馥郁迷人，都无济于事。对方急需的是水，是能解除干渴之苦痛点的应对之策。

因而，上乘的文案、精美的设计、强劲的推广，未必就能促使产品热销。这些充其量只是锦上添花之举，而非雪中送炭的关键。真正的销售，贵在洞察人心、解决问题。

乔布斯主政时期的苹果公司售卖的是什么？仅仅是高配置、高性能的计算机吗？并不全然如此。从特定视角来看，它售卖的是简约、时尚、便捷的生活模式，是人们对科技产品"酷炫"特质的热望，是挣脱烦琐操作羁绊的痛点破解良方。再看小米公司，它起初售卖的是超高性价比，是打破价格垄断局面的痛点解决方案。

不妨再审视一个实例：

你向一位禅师竭力推销一款高端智能手机，口若悬河地介绍它的5G飞速网络、超高清屏幕、人工智能助手……禅师或许会淡然一笑，继而告知你："我所需要的，是内心的平静与安宁。"你所罗列的那些"卖点"即便再耀眼，也无法触及他心底的诉求，甚至会显得格格不入。

这一现象背后蕴含的基本逻辑是：一切营销活动，归根结底都指向人性深处的需求。而这些需求，往往以"痛点"的形态呈现。它们既可能是生理层面的饥饿、寒冷之感，也可能是心理范畴的焦虑、孤独情绪，甚至是精神维度的迷茫、空虚状态。

成功的销售，从来都不是单纯的"推销"行为，而是"理解"与"帮助"的融合。它要求销售方深度洞悉客户的需求，挖掘出其潜藏的痛点，并给予对应的解决方案。这离不开敏锐的观察能力、同理心，以及对人性的深刻洞察。

有一家母婴产品企业，留意到诸多宝妈在夜间喂奶时极为不便，极易惊醒熟睡的孩子，同时也干扰自身睡眠。于是，科研人员精心研发了一款操作便捷的喂奶灯，完美化解了妈妈们的痛点，产品一经面市便广受青睐。这并非得益于产品的高科技含量，而是因为它切实解决了用户的现实难题。

反之，一款产品即便卖点众多，可要是无法攻克用户的痛点，最终只会沦为仓库里无人问津的积压品。这恰似手握世上最为锋利的宝剑，却不知如何运用，即便宝剑再锋利，也不过是徒有其表的摆设。

所以，与其挖空心思构思各类华而不实的卖点，倒不如沉下心来，深度探究用户的需求，找准他们最真切的痛点，并妥善加以解决。唯有化解了用户的痛点，产品方能真正叩开消费者的心扉，进而在激烈的市场竞争中崭露头角。

当然，解决痛点绝非一朝一夕之功，它离不开持续的摸索与创新。

市场需求处于动态变化之中,今日的痛点,或许明日便成为过往式的需求。故而,商家与销售人员务必保持高度敏锐的洞察力,持续改良并升级产品,以契合用户日新月异的需求。

针对客户痛点提供解决方案

很多销售人员都有过类似的经历：兴冲冲地向客户推荐一款自认为很棒的产品，结果对方却一脸茫然，礼貌地拒绝了。这并非你的产品不够好，而是你忽略了一个至关重要的环节——精准地找到并解决客户的痛点。

销售，不等于"推销"，而是要"解决问题"。从这个意义上说，它不只是一场心灵的沟通、一场需求的匹配，更是一场价值的交换。试想，一个饥肠辘辘的人，你给他推荐一款最新的智能手表，他会感激涕零吗？恐怕只会觉得你脑子不太正常吧！他需要的是食物，是解决饥饿这个痛点的方案。这就是成功销售的关键——以客户的需求为中心，提供相应的解决方案。

比如，很多人都受拖延症困扰，他们知道应该做些什么，却总是无力开始，或者中途放弃。这时，如果有人向他们推荐一款时间管理软件，并告知他们如何利用番茄工作法提高工作效率、摆脱拖延症的困扰，他们会欣然接受吗？答案是肯定的！因为这直接解决了他们的痛点——缺乏有效的行动方法。这款软件并非单纯的时间管理工具，而是能够帮助他们克服拖延症的良药。

再如，在现代社会，孤独感已经成为一种普遍的社会现象。很多人渴望交流，渴望被理解，却找不到合适的途径。这时，如果有人向他们推荐一个线上社区，一个充满温暖和理解的虚拟空间，他们会考虑吗？大概率会去了解。因为这直接解决了他们的痛点——缺乏归属感和认同感。这个社区并非简单的社交平台，而是能够治愈他们心灵创伤的"医院"。

这些案例，都体现了销售的终极奥义——精准解决客户的痛点。销售，真的不是简单的产品推销，而是帮助客户解决现实问题。它需要商家和销售人员具备深刻的洞察力，去发现那些隐藏在客户需求背后的痛点；需要商家和销售人员具备强大的同理心，去理解客户的感受，去设身处地为他们着想；更需要商家和销售人员具备创新的思维，去寻找新的解决方案，去满足客户不断变化的需求。

在实操中，如何针对客户痛点提供切实可行的解决方案呢？需把握好以下三个原则：

1. 精准性原则

商家和销售人员要对客户痛点有精准的定位与理解，不能仅仅停留在对表面现象的认知上，而要深入挖掘客户痛点背后的根源性因素。例如，一家餐饮企业发现顾客抱怨上菜速度慢，如果只是简单地增加厨师或服务员数量，并不能彻底解决问题。通过深入分析，可能发现是厨房菜品制作流程不合理，原材料准备不充分，或者是点单系统与厨房沟通不畅等深层次原因。只有精准地找出这些关键因素，才能有的放矢地制订出好的解决方案。

2. 创新性原则

在解决客户痛点时，不能墨守成规，要敢于突破传统思维的局限。以传统零售行业为例，面对电商冲击，许多实体店面临客流量减少的痛点。一些有远见的零售商并没有单纯地打折促销，而是创新性地将实体店打造成集购物、体验、社交于一体的场所。比如，增加线下体验区，让顾客可以亲身体验产品的功能与特色。通过这些创新举措，不仅重新吸引了顾客，还为顾客创造了全新的消费体验。

3. 可持续性原则

商家所提供的解决方案不能是权宜之计，而要能够在较长时间内持续有效地解决客户痛点，并可以适应市场环境的动态变化。例如，一家环保企业针对工业客户污水处理痛点研发新系统。研发时，不但要考虑研发成本，还要考虑维护、技术升级成本及与企业生产规模工艺变化的匹配灵活性。该方案在长期运行中，经济成本与处理效果要持续达标，且能随环保法规和技术进步进行自我优化升级，如此方能赢得客户信赖与长期合作，助力企业在市场立足并持续发展。

在销售过程中，仅仅找到痛点还不够，更重要的是如何提供有效的解决方案。这时，你的产品便不仅仅是产品，更是解决客户问题的方案，是为客户生活带来美好改变的希望。而这，才是销售的真正意义所在。

最后，让我们回到最初的问题：为什么你的产品卖不出去？答案很简单，你可能还没有真正理解客户的痛点，你提供的解决方案可能不够精准，不够有效。

记住，销售的目的，是解决问题，是创造价值，是帮助客户实现他们的目标。只有真正地理解了这一点，才能在销售的道路上走得更远、更稳。

客户要的，你要刚好能给

真正的销售，不是只专注于把产品卖出去，而是要在理解客户需求的基础上，提供恰到好处的解决方案。这不仅仅是简单的供需关系，更是一种微妙的能量平衡，一种精准的价值匹配——客户要的，你要刚好能给。

每一位客户在购买产品或服务时，都带着自身的情感、期望与梦想。他们或许希望通过购买一款高端护肤品来重拾青春的自信与美丽；或许渴望拥有一辆豪华汽车来彰显自己的身份与地位；又或许只是想要一份热气腾腾的早餐来开启活力满满的一天。而作为销售者，若能穿透客户表面的需求表达，深入其内心的情感世界，便能真正打开成交之门。

这就如同一位经验丰富的渔夫，深知不同的鱼儿在不同的水域、不同的季节、不同的时间有着不同的习性与喜好。他不会盲目地撒网，而是会依据自己对鱼儿的了解，选择合适的鱼饵、合适的钓竿、合适的地点与时间抛竿，静静地等待鱼儿上钩。

销售者也应如此，要像一位敏锐的人性观察者，去研究客户的年龄、职业、兴趣爱好、消费习惯等多方面因素，洞察他们内心真正的需求与痛点，进而有针对性地提供解决方案。

然而，在现实的销售世界里，并非所有的商家都能如此精准地把握客户需求。有些商家只是盲目地跟风，看到市场上流行什么产品，便匆忙地推出类似的产品，并未深入思考自己的产品是否真正满足了客户的特定需求。就像某些风靡一时的网红产品，凭借一时的热度吸引了消费者的关注，但因缺乏对客户长期需求的考量，以及产品本身品质与功能的不足，很快便如过眼云烟般消失在市场的浪潮中。

那么，如何才能确保在销售过程中做到"客户要的，我刚好能给"呢？

首先，要保持一颗敏锐的好奇心与同理心。要像一位探险家探索未知的宝藏一样，去探寻客户内心的世界。要站在客户的角度去思考问题，感受他们的喜怒哀乐。当客户抱怨产品的某个缺陷时，不要急于辩解，而是要深入了解他们为何会有这样的感受，以及他们期望产品如何改进。只有这样，才能真正与客户建立起情感上的连接，为提供精准的产品与服务奠定基础。

其次，要不断地学习与提升自己的专业素养。无论是产品知识、行业动态还是销售技巧，都需要不断地充实与更新。就如同一位医生，只有精通各种疾病的症状、成因与治疗方法，才能准确地诊断患者的病情，进而开出有效的药方。销售者也只有对自己的产品了如指掌，对市场趋势洞若观火，才能在面对客户的各种需求与疑问时，自信满满地给予专业的解答与建议。

最后，要注重与客户的沟通与反馈。在销售的过程中，沟通就像是一座桥梁，连接着商家与客户。通过与客户的交流，商家可以获取更多关于他们需求的信息，同时也可以将产品与服务的优势和特点有效地传达给客户。而客户的反馈，则是一面镜子，能让商家清晰地看到自身的不足之处，从而及时调整与改进。例如，一些电商平台会定期收集客户的评价与建议，然后依据这些反馈来优化产品页面设计、改进物流配送服务等，从而提升客户的购物体验，增加客户的满意度与忠诚度。

"客户要的，你要刚好能给"，并非简单地迎合客户，而是建立在对市场深刻理解、对客户需求深度洞察，以及对自身核心竞争力精准把握基础之上的一种恰到好处的对接。这种对接不仅能为客户创造即时的满意与价值，更能在长期的互动中，培育出高度的客户忠诚度，使客户成为企业品牌的坚定拥护者与口碑传播者。

做用户痛点的"创造者"和"解决者"

真正的商业巨擘，不仅善于发现并解决问题，更懂得洞察用户潜在需求，进而挖掘出尚未被广泛认知的痛点，最后巧妙地化解它。这看似有些矛盾，实则正是这种"挖掘痛点"的前瞻性思维，催生了无数商业传奇。

以特斯拉为例。在传统燃油车称霸的汽车领域，消费者以往大多关注动力、舒适性以及燃油经济性。然而特斯拉敏锐挖掘出两大痛点：其一是环保出行诉求，过去多数人并未深切察觉到燃油车尾气排放的危害，特斯拉大力钻研电动汽车技术，将环保理念深度融入其中，使得碳排放问题逐渐成为消费者关注的要点。其二是智能化体验的热望，传统汽车操作模式简易且机械，特斯拉的自动驾驶辅助、车载智能操作系统以及软件服务的持续迭代，让用户对智能化功能心生向往。如此一来，缺乏这些前沿功能的传统汽车顿时相形见绌。

特斯拉精准锚定痛点后，依托电池、自动驾驶与软件等核心优势，推出 Model S、Model 3 等爆款产品化解痛点，重塑消费者认知与偏好，引领汽车行业朝着新能源、智能化大步转型，堪称商业创新楷模，尽显挖掘并攻克痛点以重塑行业格局的伟力。

在现实生活场景中，类似这种看似"无中生有"的商业实例不胜枚举。同理，在销售环节，如果一件原本不在用户购买清单上的物品，在听完你的详细推介后，让用户觉得非它不可，那必定是因为你帮他挖掘出痛点，并妥善予以解决。

帮用户挖掘并解决痛点，乃是销售的至高境界。传统销售理念常常着眼于"攻克"用户既有的痛点。而更高明的销售之道，则在于"挖掘与化解"新痛点，引领用户察觉此前从未留意的需求，进而促使他们主动探寻你的应对方案。

不少人或许会质疑："挖掘痛点？这难道不是在蒙骗用户？"实则不然。真正意义上的"挖掘痛点"，绝非编造子虚乌有的需求，而是深度挖掘用户的潜在需求，放大那些尚未被满足的渴望，最终促成交易。这是一种引导、一种启迪，是助力用户更清晰认识自我、精准把握自身需求的过程。

例如，早期的保险销售。许多人认为保险是"给死人买东西"，是不吉利的象征。但出色的保险销售人员，却能巧妙地把保险包装成"为挚爱之人担当责任""为未来未雨绸缪""守护家庭生活安稳"等理念，将人们对未来不确定性的隐忧放大，从而引导人们自愿投保。这并非欺诈，而是把抽象的风险具象化为直击人心的痛点，让用户主动寻求保障庇护。

这背后折射出销售人员对人性的深邃洞察、对市场风向的精准捕捉，以及对产品价值的精确定位。他们绝不仅仅兜售产品，而是传递一种生活理念、一种价值取向、一种平息用户焦虑、满足渴望的方案。

那么，究竟如何才能达成"挖掘与解决"用户痛点呢？这需要具备如下几方面的素养：

1. 需求洞察

要求销售人员拥有强大的同理心，能够深度融入用户的内心，探寻他们那些尚未被满足的渴望与焦虑。这意味着销售人员要如同侦探一般，从细枝末节中捕捉关键信息，洞悉用户的潜在需求，挖掘那些隐匿未觉的痛点。

2. 场景营造

卓越的销售人员擅长创设场景，将产品的价值与用户的现实生活紧密相连，让用户真切体会到产品的实用意义与必要性。他们会凭借鲜活的案例、逼真的场景，引发用户的情感共鸣，促使用户主动索求解决方案。

3. 认知引导

挖掘痛点绝非简单的"忽悠"，而是引导用户认清自身需求。销售员必须凭借专业知识与诚挚沟通，助力用户树立正确认知，让其明晰购买产品的价值根基。销售员要担当导师角色，引领用户发掘自身潜能，使其主动向你求助。

4. 方案供给

挖掘痛点之后，务必给出切实有效的解决方案。销售的产品或服务必精准契合用户需求，化解他们的痛点，如此才能构筑完整闭环。因而，销售员需要对产品了如指掌，以便完美匹配用户诉求。

需要着重指出的是，挖掘痛点存在一定风险。倘若拿捏不当，极易被用户视作"欺骗"或"误导"。所以，挖掘痛点务必把控好尺度，切忌夸大其词，更不能编造虚假情报。它必须构筑在诚实守信的基石之上，切实对用户负责。

用户不够"痛",报价再低也嫌贵

这样的销售场景颇为常见:销售人员费尽口舌向客户介绍产品,各种优惠政策纷纷抛出,价格也一降再降,然而客户依旧犹豫不决,最终多半以各种理由拒绝交易。

为何会如此?并非产品不够出色,也不是价格不够低廉,而是销售人员忽略了一个至关重要的问题:用户的"痛点"不够强烈。即便报价低至极限,若用户需求不够迫切,其仍会觉得"不值"。价格仅是成交的因素之一,而痛点才是成交的决定性因素。一个痛点强烈的用户,即便产品价格高昂,也愿为之买单;反之,一个痛点偏低的用户,即便产品价格极低,也会觉得昂贵。

这种"价值"与"价格"的错位,正是众多销售人员难以跨越的障碍。他们往往侧重于产品的性能与价格,却忽视了用户背后的真实需求和痛点,将销售视为一场价格战,却忘却了销售的根本在于帮助用户解决问题、创造价值。

下面以某健身App的运营为例,来阐释这种"痛点"与"价格"之间的微妙关系。

起初,大众健身意识淡薄,多依赖传统健身方式。该App通过宣传久坐不动的危害,如肥胖、颈椎腰椎疾病风险增加等,"创造"痛点,引发人们对健康生活方式缺失的担忧。随后推出个性化线上健身课程,解决了用户没时间去健身房、缺乏专业指导的痛点。其价格策略巧妙,基础功能免费以吸引大量用户，而针对深度需求，如定制专属训练计划、一对一私教线上辅导等则收取较高费用。

用户因重视健康痛点，且认可付费服务能更精准地解决问题，故而愿为高级功能买单，实现了痛点挖掘与价格设定的有效联动，提升了该 App 的商业效益。

通过上述健身 App 的例子，能够清晰地看出，成功创造用户痛点并巧妙地与价格策略相结合，可为产品开拓广阔的市场空间并提升商业价值。由此可见，销售的成功与否，取决于能否精准地找到用户的痛点并将其放大。

那么，怎样才能提高用户的"痛点"感知呢？以下介绍四种简单高效的实操方法：

1. 情景模拟体验法

创建沉浸式的情景模拟环境，让用户身临其境感受痛点。比如，对于一款家居清洁产品，可设立模拟的脏乱家居场景展示间。用户进入后，能够直观地看到污渍难以清理、灰尘四处飞扬的情景，闻到因清洁不佳产生的异味，听到清洁工具使用时产生的噪声与不便。这种多感官的刺激使他们深刻体会到日常清洁的困扰，从而强烈感知到产品能够解决的痛点。相较于单纯的文字或图片宣传，情景模拟更易触发用户的情感共鸣，将抽象的痛点具象化。

2. 数据对比冲击法

运用精准且具冲击力的数据对比来揭示痛点。以一款节能空调为例，展示普通空调与节能空调在相同使用时长、相同环境下的耗电量数据对比，以及长期使用后电费支出的巨大差异，同时结合能源消耗对环境影响的数据，如碳排放数据对比等。通过这些数据的鲜明反差，让用户清晰地认识到能耗高不仅增加经济成本，还损害环境。这种基于事实的数据呈现，能够突破用户的心理防线，使其对高能耗这一痛点产生深刻认知。

3. 社交舆论引导法

借助社交网络与舆论的力量来放大痛点。先在社交媒体平台上发起与产品相关的痛点话题讨论，如针对一款防脱发产品，可在各大社交平台发起"脱发危机下的青春焦虑"话题讨论，邀请有脱发困扰的用户分享经历，制造热点话题。同时，引用专业机构关于脱发人群增长趋势、脱发对个人形象与心理影响等相关报告数据对话题进行支撑，利用网红、意见领袖参与话题并推荐产品解决方案。通过社交舆论的广泛传播与发酵，更多潜在用户关注到脱发痛点，进而提升对产品所针对痛点的感知程度。

4. 未来趋势预警法

密切关注各行各业的前沿动态与长远走向，收集并分析海量数据、专家预测以及新兴技术突破等信息，从而精准洞察未来可能出现的各种状况。将这些潜在问题清晰地呈现给用户，让他们提前知晓若维持现状或不采用特定产品或服务，在不久的将来可能遭遇的困境与麻烦。例如，告知用户随着数字化进程加速，若不掌握相关数字使用技能，职业发展会受限、收入可能降低等。通过这种预警，用户深刻意识到潜在痛点，进而积极寻求应对之策，为产品或服务的推广创造契机。

只有用户的痛点足够深刻，他们才会觉得产品物有所值，即便价格相对较高，也会毫不犹豫地买单。因此，与其一味追求低价，不如努力提升用户的"痛点"感知，这才是突破销售瓶颈的关键。

挑货人才是真正的买货人

在销售活动中，常常会见到这样一类顾客：对商品百般挑剔，从品质到细节，从功能到价格，无不评头论足。看似是在给商家制造麻烦，实则他们才是真正有购买意向且对商家极具价值的买家。这背后蕴含着深刻的逻辑：他们对自身需求有着清晰的认知，其每一个质疑与评价，都是在深入探寻商品能否精准匹配自身特定需求。

从这个意义上说，挑货人才是买货人，他们有着强烈的购买需求。当一个人愿意花费时间和精力去仔细审视商品，提出各类问题时，说明他内心深处对该商品有着渴望与需求。

譬如，一位准备装修新房的客户，在家具市场里对着各种沙发百般挑剔。他会检查沙发的材质是否耐用、坐感是否舒适、款式是否与整体装修风格契合、价格是否在预算范围之内等。之所以这般较真，是因为他确实需要一款沙发来装点新家，并且期望这款沙发能在未来生活中完美地发挥其功能，满足自身审美需求。这种强烈的需求驱动是普通闲逛者所欠缺的，普通闲逛者或许只是走马观花、随意看看，不会深入探究商品的各项特性。

换个视角来看，挑货人在挑剔过程中也在与商家进行深度的互动与信息交换。他们通过询问商品的详细信息、探讨使用场景、协商价格等行为，与商家构建起更为紧密的联系。这种互动让商家有机会深入洞悉消费者的需求偏好、消费心理。

那么，面对挑剔的用户，究竟该如何应对呢？

1. 营造良好沟通氛围

首先，要以开放、友好的态度对待挑货人。当他们提出意见时，用微笑、点头等肢体语言表示欢迎，切勿流露出任何抵触情绪。比如，在实体店铺中，销售人员可主动讲："您能如此仔细地查看商品并提出意见，对我们而言真的无比宝贵。"这般积极的对话能够瞬间拉近与挑货人的距离，让其更乐意畅所欲言。

与此同时，无论是店内交流还是线上客服沟通，都要确保沟通环境安静、舒适，避免外界干扰，让挑货人感受到被尊重，进而提升他们分享真实想法的积极性。

2. 主动询问具体意见

不要干等着挑货人自己一股脑儿说出所有问题，而要主动出击，有针对性地询问。例如，对于挑剔产品质量的顾客，可问："您觉得产品在材质或者做工方面哪个部分最不符合您的期望呢？"若是对功能存疑的顾客，不妨询问："您在使用这个功能的时候，遇到了什么困难，或者您期望这个功能还能有哪些拓展呢？"这种具体的询问能够引导挑货人更深入地剖析自身想法，避免泛泛而谈，从而获取更具价值的反馈。

3. 提供多种反馈渠道

为挑货人提供多样化的反馈渠道，以迎合不同人群的习惯与需求。除传统的面对面交流和客服电话之外，还可设置线上问卷。问卷设计要简洁明了，问题要有逻辑性，从整体满意度到具体细节评价逐步深入。同时，搭建品牌社区或者论坛也是不错的选择，挑货人能够在这些平台上与其他用户交流看法，商家则可从中筛选出有价值的反馈信息。另外，鼓励挑货人通过电子邮件反馈意见，并承诺及时回复，让他们知晓自己的意见会被认真对待。

4. 记录并分类反馈内容

在收集反馈过程中，要详尽记录挑货人的每一个意见。可使用电子表格或者专业的客户反馈管理软件，将反馈内容按照产品质量、功能、设计、价格等加以分类。例如，把所有关于产品外观设计的反馈归到一个文件夹或分类标签下，这样便于后续对反馈信息进行分析。而且，记录时要尽量还原挑货人的原始表述，包括语气以及重点强调的部分，这有助于更好地理解他们的真实意图。

5. 跟踪反馈处理进度并反馈结果

收集反馈后，要让挑货人知道他们的意见正在被处理。可建立一个简易的反馈处理跟踪系统，定期（如每周或每月）向挑货人通报处理进度。例如，通过短信或者电子邮件告知他们："您之前提及的产品功能优化建议，我们已安排研发团队进行评估，预计两周内会有初步结果。"当反馈处理完毕后，再度与挑货人沟通，告知他们问题是如何解决的，或者某些建议为何暂时无法采纳。

这种跟踪和反馈的闭环操作，能够让挑货人真切感受到自己的意见受到重视，从而增强他们对品牌的好感度，并且他们后续也更有可能继续提供有价值的反馈。

对于商家而言，挑货人的存在是一种市场信号，昭示着产品在各个维度上的市场接受度与优化方向。商家唯有深刻领悟这一逻辑，积极回应挑货人的诉求，方能在商业博弈中抢占先机，并逐步构筑起以品质和口碑为基石的商业生态。

实现客户的价值最大化

在销售过程中，成交无疑是最具挑战性的一环。许多客户在"临门一脚"时迟疑不决，有时即便经过深思熟虑也会选择放弃。这也使得一些销售人员出于对交易失败的担忧，犹豫是否主动提出成交请求。

这种情况的发生，往往是因为销售人员未能充分展示产品或服务的独特价值，或未让客户充分感受到明显的收益。客户在做出购买决策时，往往以理性思维为主导，而其中关键的决策依据便是追求价值的最大化。尤其是处于成交的关键节点，客户内心会进行两轮关键的价值考量：其一，权衡自己的购买行为是否能够获取更大价值；其二，向你购买比向其他人购买的价值是否更大。只有当客户在这两方面的价值判断中均得出肯定性的结论时，才会最终敲定合作意向，签署订单。这也是在整个销售进程中，促成客户成交的核心决定性因素。

客户价值不仅包括产品或服务的直接效益，还涉及客户通过购买所能获得的整体利益。客户追求的是购买后的利益最大化，这是他们做出购买决策的根本驱动力。因此，通常客户价值越大，其购买动机也就越强烈。

在经济学和管理学中，有一个核心假设：人类的行为是理性的。理性个体在做出决策时总是以结果为导向，旨在实现某种目标的最大化。尽管不同人追求的具体目标可能千差万别，但这些目标背后存在一个共同点：理性决策者总是追求他们认为有价值的事物。因此，理性人做决策的核心是追求价值最大化，尽管每个人对价值的具体理解和追求可能因个人和情境的不同而有所差异，但价值最大化是其共同的目标。

1. 深度需求挖掘与精准匹配

销售方不能仅停留在表面了解客户需求，而要深入探究客户背后的动机、期望以及潜在痛点。例如，销售一款高端护肤品，不仅要了解用户对改善肌肤问题的诉求，还要探究其生活习惯、工作环境对肌肤的影响，以及其对产品成分、品牌形象和使用体验的偏好。基于这些深度信息，从众多产品系列中精准筛选出最贴合用户需求的单品或组合套装，并提供个性化的使用建议。这样能确保用户购买到的产品或服务与自身需求高度契合，避免资源浪费，使用户从产品使用中获得的直接价值最大化，确保无论是解决实际问题还是满足心理预期都精准到位。

2. 构建灵活且优惠的销售模式

构建灵活多变且具有吸引力的销售模式，以适应不同客户的财务状况和消费特点。比如，在定价策略上采取弹性机制，依据用户的购买量、使用频率以及合作时长来确定价格层级；可提供灵活的支付方式，除常规一次性付款外，设置分期付款选项，减轻用户资金压力，让其能提前享受产品或服务带来的效益。此外，建立会员积分制度，用户消费累积积分可兑换产品升级、额外服务或实物礼品等，持续为用户提供增值体验，使每一位用户在整个销售互动过程中都能收获远超预期的价值回报。

3. 持续教育与能力提升引导

除了提供产品或服务本身外，还可为客户提供相关知识与技能培训，助力其更好地运用产品实现价值提升。比如，销售一套企业级项目管理软件，不能仅交付软件使用手册后就结束服务，而是要组织定期的线上线下培训课程，向客户团队传授先进的项目管理理念、软件功能的深度应用技巧，以及如何根据不同项目类型进行个性化配置，同时分享行业内优秀的项目管理案例，引导客户借鉴经验优化自身业务流程。

在任何类型的销售中，客户的决策核心始终是追求价值最大化。简而言之，客户选择与商家合作的唯一理由是他们相信商家能提供最大的价值；反之，如果客户选择不与某商家合作，那很可能是因为他们认为其他选项能带来更大的价值。所以，要想从根本上扭转销售局面，不但要深入了解客户的需求和期望，更要清晰地传达产品或服务如何满足他们的需求，实现他们期望价值的最大化。

第六章

成交靠的不是套路，是逻辑

任何交易成交的背后，都隐藏着一套严谨且精妙的逻辑体系，它宛如一张无形的大网，将客户的需求、心理、价值判断等诸多关键要素紧密连接。深入这一逻辑，便能始终在复杂多变的销售情境中有条不紊地推动销售进程。

东西难卖，是销售逻辑有问题

市场上产品滞销的情况屡见不鲜，诸多商家将原因归咎于市场竞争激烈、经济环境低迷等外部因素。然而，更深层次的原因往往出在商家自身的销售逻辑层面。确切而言，销售困境并非源于产品本身，而是商家未能精准把握市场需求、未构建起行之有效的销售体系，也未寻觅到适宜的销售策略。

在电子书与网络阅读蓬勃兴起的当下，众多实体书店面临着巨大的生存压力。部分书店老板却依旧固守陈旧的销售逻辑：将大量书籍杂乱地堆砌在书架上，静候顾客上门挑选，随后仅仅简略介绍书籍的作者、出版社以及基本内容。这种销售逻辑忽视了现代消费者更深层次的诉求。

如今，读者步入书店，或许不单单是为了购买一本书，他们所期盼的是一种阅读文化的体验，是想在喧嚣尘世中觅得一处静谧的阅读角落，是渴望与志同道合之人交流阅读心得。那些成功转型的书店，诸如一些网红书店，打破了传统销售模式，精心营造舒适惬意的阅读环境，设计文艺气息满溢的装修格调，安置舒适的阅读座椅，供应香浓的咖啡饮品，还定期举办读书分享会、作家签售会等活动。可以说，这些书店售卖的不单是书籍，更是一种别具一格的阅读生活方式。

当顾客在书店中沉浸于浓厚的阅读氛围、畅享阅读带来的愉悦与放松之感时，便会更乐意购买书籍，进而成为书店的忠实拥趸。

很多时候，产品滞销并非产品自身存在缺陷，实则是销售逻辑出现了偏差。唯有构建正确的销售逻辑，将顾客需求置于首位，把产品价值与顾客利益紧密相连，方能在销售之路上开辟出一条康庄大道。

在实际操作中，务必要极力规避如下几种常见却可能极具危害的销售逻辑：

1. 自我中心逻辑

销售人员过度聚焦自身产品的特性与优势，却漠视了客户的实际需求与痛点。在推销进程中，只是呆板地罗列产品的功能、参数、材质等信息。以一款手机销售为例，销售人员一味强调手机芯片性能何等强大、像素何其高、外观设计多么精美，却未曾深入探知客户究竟是更看重手机续航以满足频繁出差之需，还是更在乎手机的娱乐功能用于打发闲暇时光。这般自说自话的逻辑，致使产品与客户需求之间无法搭建起有效的连接桥梁，客户难以萌生购买欲望，因为他们体会不到产品能为自身带来的切实利益与价值。

2. 价格导向逻辑

将价格视作销售的核心驱动力，片面地认定低价便能吸引客户购买。销售人员要么一味强调产品价格低廉，企图以低价招揽客户，如在销售家具时，只宣传价格相较竞争对手低多少，却不阐释低价背后可能潜藏的质量差异、功能缺失或售后服务不到位等问题；要么在客户提出价格异议时，旋即陷入与客户的价格谈判博弈，而非率先探寻客户对价格敏感的真正根源。

这种逻辑忽略了客户购买决策是一个综合考量价值与价格关系的过程，单纯的低价并不能确保交易达成，反而可能令客户对产品质量心生疑虑，或者让客户觉得销售人员仅仅是在兜售廉价商品，而非提供有价值的解决方案。

3. 短期功利逻辑

仅仅着眼于当下的交易促成，追求快速出货，却忽视了与客户构建长期关系的重大意义。在销售进程中，为尽快达成交易，销售人员可能会过度承诺，诸如承诺无法兑现的交货期限、夸大产品的使用效果等。一旦客户察觉这些虚假承诺，不但会即刻终止交易，还会对销售人员及公司留下极差的印象，致使后续合作机会全然丧失。此外，这种短期功利的行径也不利于客户的口碑传播，无法借助老客户的推荐拓展新业务，从长远来看，严重妨害了销售的可持续发展。

4. 跟风模仿逻辑

此逻辑欠缺对自身产品及目标客户群体的深入剖析，盲目跟风市场上流行的销售策略与话术。眼见其他产品凭借某种促销活动或推销方式斩获成功，便不假思索地照搬照抄。例如，见网红带货某款美妆产品运用夸张的演示和海量赠品的方式大卖，便将同样路数套用于自己销售的办公用品上，却未曾考量办公用品的客户群体更注重产品的实用性、稳定性与性价比，而不会被此类夸张的营销手段所吸引。这种缺乏针对性的跟风模仿，使得销售活动无法精准触及目标客户的内心需求，难以在众多竞争对手中崭露头角，最终导致产品滞销。

总之，在销售进程中，一旦察觉产品难卖，切勿急于抱怨市场、指责客户，而应沉下心来审视自身的销售逻辑是否存在问题。恰似一位迷失在森林中的旅人，当惊觉自己一直在原地徘徊时，要重新审视前行的路线，而非埋怨森林的幽深茂密。

成交背后的三个底层逻辑

成交，简单的两个字背后却蕴藏着复杂的人性博弈。许多销售人员停留在技巧层面，追求话术的精妙，却忽略了成交背后的底层逻辑。真正的成交，并非技巧的堆砌，而是对人性、需求以及价值的深刻理解。

任何一种成交，都遵循如下三个底层逻辑：

底层逻辑一：交换需求的驱动

这是促成交易的首要前提。当一个人内心产生购买并进行交换的渴望时，才会将目光聚焦于特定类型的产品。就如同打算装修房子的人，因有改善居住环境的需求，才会对各类建材、家具及家居饰品格外留意。有需求，就如同为交易的达成搭建了最基本的框架。

反之，对于与自身需求毫无关联的产品，虽偶尔有人会因一时冲动购买，如商场促销时被销售人员花言巧语迷惑，买下原本不需要的小物件，但这种成交往往充满不确定性，难度也会显著增加。

不妨静下心来思考，我们自己在什么情境下会萌生出购买需求。也许是现有的物品无法满足工作或生活需求时，如旧手机存储容量已满，严重影响使用，就会产生购买新手机的需求；又或许是为追求更高品质的生活体验，当品尝过朋友家香浓的咖啡后，便渴望拥有一台专业咖啡机，以便随时在家享受美味咖啡。总之，需求是开启购买行为的钥匙，没有它，交易就如同在无木之木上构建楼阁，根基不稳。

底层逻辑二：交换能力的支撑

当一个人产生强烈的交换需求，看似交易即将水到渠成，但还有一个关键因素不容忽视，即交换能力。若产品价格或交换条件过于高昂、苛刻，超出对方承受范围，即便需求强烈，交易也难以达成。

比如，某人对高端单反相机心仪已久，摄影需求迫切，但相机昂贵的价格及配套镜头等配件的高额花费，让其望而却步；又或许其预算有限，经济实力无法支撑如此开支；再或者产品价格比预期代价高出许多，这种情况下，因缺乏交换能力，交易只能停滞不前。在大多数情形下，交换能力主要体现在金钱实力方面。

那么，如何让有需求但交换能力受限的客户有可能完成交易呢？有这么几个策略：推行灵活付款方式，如分期付款或按使用次数付费，降低单次支付压力；允许客户以资源、技能或时间替代部分现金支付；构建社群团购模式，使个人负担更轻。这些方法简单实用，能有效提高成交率。

底层逻辑三：有充足的交换理由

这是对交易需求在意愿层面的进一步强化与升华。仅有需求是不够的，如果需求并非当下急需，而是可能延迟到未来数月或一年以后才产生实际作用，客户往往不会急于交易。

例如，某人计划几年后才装修房屋，现在看到昂贵的吊灯，虽喜欢但大概率不会立即购买。再者，若需求存在替代品，客户就有了更多选择与权衡余地，像购买饮料，既可选可乐，也可选雪碧，这种情况下达成交易的可能性就会大打折扣。

那么，在资金充裕且有需求意愿的前提下，何种理由能促使客户当场付款呢？通常有以下几个：一是产品的独特性与稀缺性，如限量版运动鞋，错过此次购买机会可能就再无法拥有；二是产品能即刻解决客户的燃眉之急，如暴雨天急需质量上乘的雨伞，此时若有合适产品，客户通常会毫不犹豫掏钱购买；三是产品附带极具吸引力的增值服务或优惠活动，如购买手机赠送实用配件及延长保修服务，让客户觉得当下购买性价比超高，从而果断成交。

　　成交背后的这三个底层逻辑，犹如开启销售世界的三把金钥匙，相互关联且不可或缺。交换需求的驱动是交易的萌芽，唤醒了客户对产品的关注与渴望；交换能力的支撑是交易的桥梁，确保客户有实力跨越价格与条件的沟壑；而有充足的交换理由则是交易的强劲助推器，将客户的购买意愿瞬间点燃并推向高潮。

　　销售人员若能深刻领悟这三个逻辑，便能穿透销售话术的表象，直击成交的本质核心，不再盲目追求技巧的华丽，而是精准洞察客户心理，把握其需求脉搏，彰显产品价值魅力，从而促进交易快速达成。

三流销售纠缠客户，一流销售精挑客户

你是否曾被喋喋不休的推销电话扰得不胜其烦？是否经历过被强行推销不适合自己的产品或服务时的无奈？这恰是三流销售的真实写照：纠缠客户，徒费时间，最终事倍功半。而一流销售则截然不同，他们目光敏锐，精心筛选目标客户，继而精准发力，事半功倍。显然，不同水准的销售，其销售模式有着天壤之别。

有一家销售高端商务培训课程的公司，公司诸多业务员常常在各类平台广泛投放广告，企图吸引尽可能多的潜在客户。然而，在这些潜在客户里，不少人或许并非真正需要，又或许无力负担高昂的培训费用。结果，大把的营销投入换来的却是极低的转化率。

但公司里优秀的销售员却不这么做，他们采用了更为精准的策略，借助参加行业会议、与潜在客户搭建人脉、开展精准线上营销等途径，寻觅那些切实需要高端商务培训，且有支付能力的目标客户。他们与这些客户深度交流，洞悉其需求与期望，并依据这些需求，量身定制培训方案。事实证明，这种精准的营销策略，能够大幅提升销售效率与成交率。

可见，一流销售不单是售卖产品，更是传递价值，提供解决方案。他们为客户排忧解难，创造价值，最终达成双赢。故而，与其在那些成交无望的客户身上纠缠不休，不如把时间与精力聚焦于那些真正需要你产品或服务的客户。

那么，在销售实战中，究竟该如何精心挑选客户呢？这离不开一套系统的流程与方法论，关键在于对客户的精准画像和需求剖析。

首先，勾勒清晰的目标客户画像。

这绝非单纯的年龄、性别、收入等人口统计信息，而是要深度挖掘客户的职业、兴趣爱好、消费习惯、价值观等多维度详情，进而构建一个立体、全方位的客户画像。唯有精准把握目标客户，才能高效筛选出最具成交可能的客户。

例如，一家高端定制西装公司，其目标客户画像要素应涵盖：高收入、注重品质与个人形象、具备一定社会地位等。销售人员绝不会在那些对高端定制毫无兴趣的客户身上浪费时间。

其次，设立有效的客户筛选机制。

在获取潜在客户信息后，搭建一套行之有效的客户筛选机制，将潜在客户分类排序，优先选取那些契合目标客户画像、需求迫切、购买力强劲的客户重点跟进。这可通过多种方式落地，诸如：搭建客户数据库，运用 CRM 系统管理客户；借助数据分析，甄别高价值客户；通过问卷调查、访谈等形式，了解客户需求。

再次，拟定精准的客户沟通策略。

选定目标客户后，需制定精准的沟通策略，与客户构建良好关系，并有效传递产品价值。这要求销售人员具备出色的沟通能力与同理心，能够理解客户需求，提供个性化解决方案。例如，一家科技公司向企业推销云服务，他们会率先了解企业的业务特性与 IT（信息技术）需求，随后依据企业的具体情形，设计个性化的云服务方案，并向企业详尽阐释方案的优势与价值。

最后，要持续维系与客户的良好关系。

成交绝非销售的终点，而是全新的起点。成功交易后，持续维护良好的客户关系举足轻重。可通过定期回访客户，了解其使用产品或服务的体验，及时化解出现的问题，让客户体会到被重视。如一家护肤品公司，会在客户购买产品后的一周、一个月分别进行回访，询问使用效果、是否有不良反应，并依据反馈给予专业建议。

与此同时，为老客户提供专属优惠活动、新品试用等福利，提升客户的忠诚度与复购率，凭借老客户的口碑传播，吸引更多潜在客户，形成销售的良性循环。

综上所述，一流销售的要义在于"精准"，而非"数量"。他们不追求宽泛的客户覆盖面，而是力求高转化率。毕竟，时间与资源有限，唯有将有限的资源投放到最有成交希望的客户身上，方能最大限度提升销售效率。

换套路不如换思路

在销售活动中,运用策略与技巧是常见之事。然而,须明确的是,世上不存在一种万能的、能应对所有情况的单一销售套路。市场环境复杂多变,客户需求与心理各异,若一种套路失效,就迅速切换至其他策略,这是销售人员常用的方法。

不过,频繁切换套路的销售方式存在两大弊端:

其一,过度依赖套路切换会使销售过程显得机械生硬,客户易察觉到销售人员的不真诚,进而降低对产品或服务的信任度。

其二,不断尝试新套路会耗费销售人员大量精力和时间,导致效率低下,且难以深入了解客户核心需求,只能表面迎合客户要求,无法真正建立长期稳定的客户关系。

此外,今天有效的策略,明天可能就失效了。许多销售人员沉迷于学习各种新销售技巧、话术和套路,却忽视了更深层次的思维模式转变问题。要知道,套路是战术,思维是战略;套路是表面招式,思维是内在逻辑。套路可模仿、可学习,而思维则需独立思考,需对市场、客户和产品有深刻理解。

来看一个陷入"套路怪圈"的销售案例。有一家线下服装店,见电商平台上一些店家的"满减"活动大获成功,便不假思索地在自家店里推出类似的"满300减100"促销活动,欲吸引顾客、增加销售额。很快,店内挂满促销宣传海报,店员也按培训话术机械地向每位进店顾客介绍活动内容。

起初，确有部分顾客被活动吸引，但问题很快出现。因店内商品定价和款式搭配不合理，许多顾客为凑满减，不得不选一些并非真正所需的商品，导致后期大量退货和顾客满意度下降。而且，这种单纯的价格战套路，未使店铺在竞争中脱颖而出，反而因利润压缩，使店铺经营陷入困境。

一名优秀的销售人员，不仅要掌握各种销售技巧，更要拥有灵活的思维模式，能根据不同情况适时调整销售策略。因此，与其盲目在套路间徘徊，不如深入研究客户的本质需求和内在规律。通过建立深度的客户洞察体系，精准把握客户痛点、期望和价值取向，以真诚、专业且定制化的服务打动客户，将销售从套路游戏转化为与客户共同解决问题、创造价值的合作之旅。

从根本上转变销售思维，要先做好以下几个"转变"：

1. 从产品导向到客户导向的转变

许多销售人员习惯从产品角度出发，向客户介绍产品功能和特性，却忽视客户需求和痛点。这种产品导向的思维模式，常导致销售效果不佳。而客户导向的思维模式强调以客户需求为中心，了解客户痛点并提供相应解决方案。

2. 从单次交易到长期关系的转变

传统销售模式注重单次交易，完成交易后便不再与客户保持联系，难以建立长期客户关系和获得客户忠诚度。现代销售模式则强调建立长期客户关系，通过持续沟通和服务，赢得客户信任和忠诚，以此带来稳定客源，提升销售业绩的可持续性。

3. 从被动销售到主动服务的转变

传统销售模式较为被动，等待客户上门咨询。现代销售模式强调主动服务，积极寻找潜在客户并提供个性化服务，有效拓展客户资源，提升销售业绩。

4. 从价格竞争到价值创造的转变

以往销售常陷入价格竞争旋涡，销售人员过度关注产品价格，试图以低价吸引客户，易导致利润空间压缩且难以凸显产品独特性。应转变为价值创造思维，深入挖掘产品或服务在功能、体验、情感等多方面为客户带来的综合价值，如为企业客户提供定制化高效业务解决方案，或为客户提升独特生活品质，让客户焦点从单纯价格转移到丰富价值上，建立基于价值认同的稳固销售关系。

5. 从个体作战到团队协作的转变

过去销售多靠个人单打独斗，凭个人能力与客户周旋，但在复杂市场环境和大型项目销售中，个人力量有限，需向团队协作转变。销售团队与研发部门协作，可使产品更贴合市场需求与客户期望；与市场部门合作，能精准定位目标客户并制定有效推广策略；与售后部门联动，有助于及时解决客户问题，提升客户满意度。

最终，通过团队成员间信息共享、优势互补，形成有机整体，为客户提供全方位、全流程的优质服务，大幅提高销售成功率与客户留存率。

总之，在销售活动中，运用新销售技巧固然重要，但提升自身思维能力、培养客户思维更为关键。要认识到换套路治标，换思维治本。只有不断学习、及时转换思想，才能成为一流的、懂客户的销售人员。

巧提问，让客户自己说服自己

传统销售模式通常呈现"我讲你听"的态势，销售人员处于主导地位，竭力说服客户购买产品或接纳服务。不过，这种模式效率欠佳，还极易引发客户的反感。与之相比，巧妙提问能让客户成为主角，引导他们自行发掘产品价值，最终实现自我说服进而购买。这无疑是一种潜移默化、润物细无声的销售策略，与现代人的消费心理更为契合。

某公司的一位销售人员向潜在客户推销一款智能健身手环。他事无巨细地介绍了手环的功能、参数以及价格，还列举了诸多成功案例。但客户只是礼貌性地聆听，并未流露出购买意愿。原因显而易见：销售人员一味地"说"，却未曾切实了解客户的需求。

另一位销售人员面对相同客户时，采取了截然不同的策略。他并未急于介绍产品，而是率先向客户抛出一系列问题：

"您平时喜爱运动吗？"

"您对自身的健康状况满意吗？"

"您期望通过何种方式了解并改善自己的健康状况？"

借助这些问题，他洞悉到客户渴望通过运动改善睡眠质量，且对健康数据记录饶有兴趣。紧接着，他才开始介绍智能健身手环的功能，着重强调其精准的睡眠监测功能与数据记录功能。最终，客户被手环的功能深深吸引，主动表露购买意愿。

这两位销售员的差别，就体现在推销产品的方式上。前者采用"灌输式"销售，后者则运用"引导式"销售。前者忽略客户需求，后者凭借巧妙提问，引导客户自主发现产品价值。

那么，究竟如何巧妙构思问题，达成让用户自我说服的效果呢？

首先，务必深入了解用户的背景信息与潜在需求。

唯有充分了解用户，才能提出切中要害的问题，恰似医生诊断病情前需详尽了解患者的症状、病史等信息一般。例如，在销售办公用品时，倘若知晓客户是一家创意设计公司的代表，便可提问："贵公司的团队在设计工作中，是否经常需要处理海量的图形文件，对电脑的图形处理能力要求是不是颇高？"此类问题既彰显对客户业务的熟悉，又能自然引出办公用品中电脑产品的相关优势。

其次，问题设计要具备逻辑性与递进性。

从一般性、易于回答的问题切入，逐步深入核心问题及解决方案。以推销护肤品为例，先问："您平时会留意皮肤的保湿问题吗？"得到肯定答复后，再问："您有没有察觉，伴随季节更替，单纯的保湿产品或许难以满足皮肤的其他需求，诸如在干燥的冬季，皮肤还容易出现敏感现象……"最后提出："我们这款护肤品，不但保湿功效超强，还添加多种舒缓敏感的成分，能够全方位呵护您的肌肤，您想不想试用一下呢？"通过这般层层递进的提问，引导用户逐步认识到产品的独特价值。

再次，提问要留意方式方法。

在销售进程中，提问的方式方法至关重要。常见的提问方式有如下几种：

一是开放式提问。它能够规避封闭式问题仅能获取"是"或"否"这类简单答案的弊端，积极促使客户畅所欲言，分享更多详细信息。

比如，将"您是否喜欢运动"变换为"您平时都热衷于哪些运动项目"。

二是引导式提问。借助一连串问题循序渐进地引导客户深入思考，最终使其自行得出对产品有利的结论。比如，先询问"您对当下的睡眠质量满意吗"，随后再问"若能改善睡眠质量，您觉得会带来哪些益处"。

三是假设式提问。以假设情景抛出问题，巧妙引导客户畅想使用产品时的具体场景以及所能收获的好处。例如："倘若您购置这款手环，您觉得自己的生活会发生哪些改变？"

四是同理心提问。此类提问要站在客户角度考虑问题，真切传递理解与关怀之情，以此有效拉近与客户的心理距离。比如，这般提问："我深知您工作极为忙碌，然而健康问题同样不容忽视，您认为怎样才能在二者之间找到平衡呢？"

五是总结性提问。在谈话接近尾声时，提出总结性问题精准确认客户的需求与想法，顺势引导客户做出购买决策。比如，提问："依据您所表述的需求判断，这款产品似乎与您十分匹配，您也是这么想的吧？"

最后，要善于聆听用户的回答，并依据回答灵活调整后续问题与沟通策略。

用户的每一个回答都是洞察其内心世界的窗口，通过悉心聆听，能够捕捉到他们的关注点、疑虑点与兴趣点，进而及时调整提问方向，确保沟通始终朝着引导用户自我说服的方向推进。

通过巧妙设计问题，激发客户的思考与认同，销售人员能够让客户在自我探索的过程中领略产品或服务的魅力，从而心悦诚服地做出购买决策或接纳自己的建议。这不但能提升销售与沟通的成功率，还能让客户在整个过程中体会到尊重与自主，为构筑长期稳定的客户关系筑牢根基。

不要指望客户因感情买单

作为销售，很多人或许都曾幻想：要是客户都能因为和我们感情深厚，二话不说就掏钱购买产品或服务，那该多美妙啊！就如同童话故事里，小动物们由于和善良的主人公建立了深厚情谊，纷纷主动献上自己的宝贝一般。然而，现实中的商业战场绝非童话故事，在此处，千万别指望客户单纯因感情买单，至少别把全部希望寄托于此。

有这样一家小餐馆，老板为人格外热情好客，与邻居们关系极为融洽。邻居们平日也都乐意来他店里坐坐，喝喝茶，聊聊天，大家感情好得仿若一家人。可一到用餐时间，这些邻居们在挑选餐馆时，那可毫不含糊。即便老板笑着招呼："都是老朋友了，就在我这儿吃吧！"邻居们依旧会货比三家，瞧瞧哪家的菜更对口味，性价比更高。为何？因为吃饭是实实在在的刚性需求，感情再深厚，也不能让自己吃得不顺心或是花冤枉钱。

客户在做出购买决策之际，虽说感情因素或许能起到一定作用，但绝对称不上是决定性因素。感情兴许能成为交易的"催化剂"，但绝非关键要素。销售本质上是一种买卖，是价值的等价交换，而非情感上的单向施舍。

不少销售人员容易陷入一个误区，以为与客户构建良好的个人关系，就能让对方痛快地掏腰包，所以，他们耗费大量时间与客户吃喝玩乐，营造所谓的"私人感情"，却忽视了产品的核心价值。

身为销售,永远不要怀揣"让客户为感情买单",或是凭借某种感情、道德绑架来达成交易的念头。

其一,这种做法违背了客户自主消费的意愿。

客户期望购买行为基于自身对产品或服务真实的需求以及价值判断。一旦遭到感情绑架,他们事后便会滋生强烈的被欺骗感与不满情绪,极大地破坏了他们的消费体验。例如,客户可能原本对某产品的实用性心存疑虑,但因销售人员大打感情牌而勉强购买,后续使用过程中若出现任何问题,都会将负面情绪归咎于销售方,而非自身决策失误。

其二,有损于销售自身的形象与职业声誉。

在职场中,诚信和口碑是销售安身立命的根本。依靠不正当手段促成的交易,或许短期内业绩会有所提升,但消息传开后,同行和潜在客户都会对其给出负面评价,致使其在行业内的形象崩塌,后续业务拓展艰难。譬如,一位销售人员频繁利用与客户的私交强行推销高价却低质的产品,周围人知晓后,便不再与其有业务往来,如此一来,这个销售员就很难再获取新的客户资源。

销售并非一锤子买卖,而是一场漫长的马拉松。长期稳固的客户关系远胜于短期的利益最大化。在此过程中,不能过度倚重或滥用感情元素来实现销售,而是要拿捏好一个恰当的度,既能借助感情因素加深与客户的情谊,让客户体会到真诚与关怀,又不会让感情沦为交易的唯一驱动力或不正当手段。为此,须把握好以下几点:

1. 保持专业与距离

虽说要与客户构建良好关系,但也要维持一定距离,规避过度亲昵,以免引发不必要的麻烦。切勿在非工作时间频繁与客户联系,以防造成客户的反感。专业的态度和行为能够增强客户的信任度,建立起基于专业和价值的良性关系。

2. 真诚待人，杜绝浮夸

真诚待人是构筑信任的基石。销售人员应开诚布公地向客户介绍产品，诚恳回答客户的疑问。切勿隐瞒信息或夸大其词，要以事实为依据，彰显自身的专业性与可靠性。

3. 换位思考，贴心服务

要多站在客户的角度考虑问题，理解客户的需求与感受，多提供更为贴心的服务。在沟通交流时，要积极倾听客户的意见和反馈，认真斟酌客户的建议。换位思考有助于销售人员更好地洞悉客户的需求，进而提供更行之有效的解决方案。

4. 尊重客户的选择

即便与客户建立了良好的关系，也要尊重客户的最终选择。倘若客户并未选择你的产品，同样要保持尊重与理解，切勿过度纠缠。尊重客户的选择，才能维系良好的客户关系，为未来的合作预留空间。

总之，在销售进程中，切不可为了眼前的一时之利，而损害客户的利益，更不能将感情当作交易的筹码，而要更多地专注于产品的核心价值与长远考量。

要学会用闭环思维做销售

在销售实践过程中,存在着一个较为普遍的现象:诸多销售人员将绝大多数精力都倾注于持续寻觅新的客户资源。他们仿若陷入一种怪圈,仅仅执着于开拓新的业务领域,却缺乏将新客户成功转化为长期稳定合作伙伴的能力与意识。究其根源,大多是忽略了销售的"过程"与"反馈",也就是缺少闭环思维。

销售的闭环思维,属于一种以客户为中心的系统性思维模式,它要求销售人员在整个销售流程里,始终保持对客户需求的敏锐感知,将每一个销售环节视作一个有机整体,前一个环节为后一个环节筑牢根基,后一个环节对前一个环节予以反馈并优化,进而形成一个持续循环、不断改进的销售生态体系。在这一体系中,客户的满意度以及购买决策并非取决于某个孤立的销售行为或技巧,而是整个销售闭环协同发力的结果。

传统的销售模式通常呈线性:寻找客户—介绍产品—达成交易—结束。这种模式宛如一个单向箭头,缺少反馈与迭代,难以持续优化销售策略。相较而言,闭环思维则更像一个循环往复的圆圈:从寻找客户起步,至交易完成,再到售后服务、客户反馈,最终构成一个完整闭环,并借此持续优化整个销售流程。

老张身为一家软件公司的销售经理,耗费大量精力拿下一个大客户订单后,却在交付产品后与客户断了联系。一段时间过后,客户由于软件使用过程中遭遇问题,又无法及时得到解决,最终转而选择新的合作伙伴。老张就这样错失了与客户建立长期合作的契机,也丧失了持续发展的良机。他所采用的销售模式即线性模式,缺乏反馈机制。

倘若老张在交付产品后,持续关注客户的使用状况,定期回访客户,了解客户的需求与反馈,及时化解客户遇到的难题,并依据客户反馈持续优化、改进产品与服务,那么大概率还能斩获客户后续的订单。

在整个销售进程中,每一个看似孤立的环节实则紧密相连,共同构成一个完整闭环。从最初的客户需求调研,到解决方案的拟定与展示,再到客户反馈的收集与处理,直至最终达成销售协议并持续跟进售后服务,每一步都有清晰的目标与行动,前后呼应、环环相扣,仿若一部精密运转的机器,各个零部件协同作业,方能让整部机器释放出最大效能。

那么,究竟该如何运用闭环思维来提升销售业绩呢?

1. 构建完备的客户关系管理系统

该系统应当囊括客户的各类信息,诸如翔实的联系方式、精准的购买记录,以及及时的反馈信息等。因为唯有充分掌握海量的客户信息,才能深度洞察客户需求,进而为其量身定制个性化服务,切实提升客户体验与忠诚度。

2. 重视客户反馈

不管是客户的正面评价还是负面评价,都应被视作珍贵财富。销售人员要开辟多种渠道收集客户反馈,像面对面沟通、在线调查问卷、客户投诉处理等,并对这些反馈展开及时、深入的分析。依据客户反馈,迅速调整销售策略、优化产品或服务方案，以更好地迎合客户需求。

例如，若多个客户都反馈某款产品的某个功能操作过于繁杂，那么销售团队就应当与产品研发部门沟通，探讨简化操作流程的可行性，并将改进后的情形及时反馈给客户，让客户真切感受到他们的意见受到重视并得到切实回应。

3. 具备闭环意识与协作能力

销售闭环并非单个销售人员能够独立完成的任务，它需要销售团队内部以及与其他部门之间紧密协作。团队成员要明晰自己在整个闭环中的角色与职责，并且能积极主动地与其他成员沟通、配合。

例如，销售人员在与客户沟通需求后，需要即刻将信息传递给技术支持团队，以便拟定更具针对性的技术方案；而在售后服务阶段，售后服务人员又要将客户的使用情况和问题反馈给销售人员，以便销售人员更好地维护客户关系，挖掘二次销售机会。

4. 打造高效的售后服务体系

售后服务是销售过程中的关键环节，不但能够解决客户的问题，还能提升客户的满意度，强化客户的忠诚度。高效的售后服务是闭环思维的重要构成部分。

通过以上几个环节的有效落实，可以搭建一个完整的销售闭环，实现从需求识别到价值交付，再到反馈收集与持续改进的完整流程。这不但能够提升销售效率，更能构建长期的客户关系，最终实现企业与客户的双赢。

第七章

销售层级跃迁背后的真相

销售层级的跃迁,并不单纯表现在业绩的提升,业绩提升的背后是从"技"到"道"的升华,是格局、认知和境界的蜕变。它既是一个循序渐进的、痛苦的自我进化过程,也是一次破茧成蝶般的华丽蜕变。

赚钱的人，一定是会讲故事的人

这里的"故事"并非指普通的虚构事件，而是指销售人员能够把产品、服务，乃至自己的人生经历，巧妙地转化为一个引人入胜的故事，借此打动客户，最终实现成功销售。

我们通常认为，销售只是对产品功能、价格、服务的罗列，然而这些不过是销售的表面现象。销售的灵魂在于共鸣，而故事恰恰是建立共鸣最为有效的手段。一个精彩的故事，能够赋予冰冷的产品以温度，让抽象的概念变得具体可感，使复杂的逻辑变得简单易懂。

老李是一位茶农，他家的茶叶品质优良，但此前一直卖不出好价钱。后来，他改变了销售策略，不再单纯地介绍茶叶的产地、工艺和功效，而是开始讲述自己与茶叶的故事。

他讲述了祖辈怎样种植茶叶，如何悉心守护这片茶园，又是如何用心去呵护每一株茶树的。他还讲述了茶叶在他生命中所具有的特殊意义，以及他对茶文化的深刻理解。他把茶叶的种植、采摘、制作过程，全部融入到一个充满禅意的故事之中。这个故事深深打动了许多顾客，他们纷纷下单购买。他们所购买的不仅仅是茶叶，更是老李对茶叶的那份热爱以及对生活的积极态度。

那么，怎样才能像老李一样，成为善于讲故事的销售高手呢？

1. 深入了解产品或服务

要深入细致地了解自己所销售的产品或服务，从中挖掘出最具价值和情感吸引力的元素。这就如同只有从隐藏着宝藏的地图中寻找到宝藏的位置，才能够围绕它编织出扣人心弦的故事。例如，一家手工制作珠宝店的店主和销售员，需要清楚每一件珠宝的设计灵感来源、所使用宝石或其他材质的独特之处，以及制作工艺背后的传承与创新等。然后，把这些元素融入故事，比如，讲述一款项链的设计灵感源自古老的神话传说，宝石是在神秘的矿山中历经千年才被发现，而制作工艺则是家族几代人传承下来的秘方，这样的故事能够让珠宝瞬间彰显出独一无二的魅力。

2. 了解目标客户

要善于观察并了解目标客户的需求、兴趣和情感痛点。因为故事只有与听众产生共鸣，才能够发挥出最大的影响力。针对年轻时尚的消费者群体，故事可以更多地融入时尚潮流、社交互动、个性表达等元素；而对于中老年消费者群体，则可以着重从健康养生、家庭情感、品质生活等方面入手。比如，对于销售健康智能手环的商家来说，可以针对中老年消费者讲述这样一个故事：孝顺的子女给父母买了健康智能手环，通过手环，远在外地工作的子女能够随时了解父母的心率、血压、睡眠等各项身体数据，一旦出现异常情况，手环会及时提醒并通知子女。这个故事触动了中老年消费者对健康和家庭关爱的情感需求，从而让他们更容易接受这款产品。

3. 生动讲述故事

故事的讲述方式务必要生动、形象且富有感染力。这就需要运用丰富的语言、恰当的修辞手法以及真挚的情感投入。可以从自己的亲身经历、客户的成功案例或者社会热点事件等方面选取素材，让故事更加真实可信。比如，推销环保清洁产品时，可以这样讲：海边小镇曾因垃圾污染导致海滩脏污不堪，海洋生物也受到严重威胁，后来使用了此款环保清洁产品，海滩与海洋生物才重新焕发出勃勃生机。借助这种前后对比，凸显出产品的环保效果，唤起消费者的环保责任感与共鸣，进而促使其购买。

4. 融入真实情感与案例

故事要融入真实的情感与案例。在故事中，应尽量分享自己与产品的真实经历或感受，比如，可以说："我第一次使用这款健身器材时，那种酣畅淋漓的锻炼感觉让我瞬间爱上了健身，我深知它能给人带来的改变，所以我想把它推荐给您。"讲述客户的成功案例时，最好是有具体姓名、身份背景的真实故事。例如："我们的客户李女士，是一位全职妈妈，因长期在家照顾孩子缺乏锻炼而身体状态欠佳。使用了我们的家庭健身套装后，三个月内不仅体重减轻了15斤，而且精神状态焕然一新，重新找回了自信与活力，她的家庭也因为她的积极改变而更加幸福美满。"真实的案例能够让客户产生强烈的信任感和代入感。

总之，一个好的故事能够赋予产品生命的热度，使其穿越物质的表象，直达消费者内心的渴望与梦想。它宛如一座桥梁，跨越了客户理性的审视与情感的接纳之间的鸿沟，让销售不再仅仅是简单的商品交换，更是一种价值与信念的传递。

从"话术匠"到"心灵捕手"

在销售领域中,存在着两种截然不同的角色定位:"话术匠"与"心灵捕手"。"话术匠"精于言辞技巧,能够熟练背诵产品介绍,应对常见的客户疑问,凭借一套套精心准备的话术在销售战场上灵活周旋。然而,他们往往只能触及客户的表面需求,难以真正打动客户内心。而"心灵捕手"则宛如销售界的艺术家,能够穿透表象,深入客户的内心世界,精准地捕捉到客户内心最真实的渴望、恐惧与期待,进而建立起一种深层次的、基于信任与理解的客户关系。

从"话术匠"到"心灵捕手"的转变,是销售层级跃迁中极为关键且深刻的历程。初入销售领域时,我们往往迷恋各种话术技巧,学习各种成交话术、应对异议的方法,甚至背诵各种成功案例,试图通过技巧的堆砌来提升业绩,这便是"话术匠"式销售。由此可见,"话术匠"式销售过分依赖技巧。

而"心灵捕手"式的销售,并非抛弃技巧,而是超越技巧,将技巧融入更深层次的沟通。其关注的是客户的需求、感受和内心世界,通过真诚的沟通建立信任关系,最终促成合作。这是一种艺术,需要销售人员具备洞察力、同理心和强大的沟通能力。

1. 洞察力:读懂客户的潜台词

"心灵捕手"善于观察客户的言行举止,能精准捕捉客户的细微表情和语气变化,从而洞察客户的真实需求和潜在顾虑。他们不仅注重客户说的内容，更留意客户未说出口的信息。这需要敏锐的观察力、丰富的经验以及对人性的深刻理解。例如，一位资深销售人员在与客户沟通时，发现客户虽表示对产品感兴趣，但眼神飘忽，语气迟疑。他敏锐地察觉到客户可能有预算方面的顾虑，于是主动提出分期付款方案，最终成功促成交易。

2. 同理心：站在客户立场想问题

同理心是"心灵捕手"最重要的特质之一。他们能够设身处地为客户着想，理解客户的感受，并与客户产生共鸣。他们不仅会站在自身立场推销产品，还会站在客户的角度理解客户，为其解决问题。比如，一位销售人员了解到客户近期工作遇到困难，心情低落。见面时，他并未急于推销产品，而是先安慰客户，表示理解与支持，并分享积极经验。这种真诚的关怀，赢得了客户的信任。

3. 沟通技巧：润物细无声地交流

"心灵捕手"不依赖华丽辞藻或强势推销，而是通过轻松、自然的沟通，引导客户表达想法，分享感受。他们善于运用开放式提问，引导客户深入思考，帮助客户找到解决问题的方法。他们的沟通如春风化雨，润物细无声。

4. 因人而异：制订个性化销售方案

基于对客户的深度倾听和情感洞察，"心灵捕手"能够为每位客户构建个性化的销售方案。这要求销售人员对产品或服务有深入了解，能够灵活组合产品的各个要素，以满足客户的独特需求。例如，在金融产品销售中，若了解到客户是风险厌恶型且有短期资金规划需求，就可为其推荐低风险、流动性强的理财产品组合，而非盲目推销高收益但高风险的产品。

从"话术匠"到"心灵捕手"的转变是一场深刻的自我革命。它要求销售人员超越表面的话术技巧，深入客户的心灵世界，以情感为纽带，以理解为桥梁，构建起与客户之间牢不可破的信任关系。"心灵捕手"式的销售是一种更高层次的销售艺术，它超越了技巧层面，关注人与人之间的真诚沟通和心灵连接，重塑了传统的销售理念和价值观。

可持续性销售背后的真相

传统的销售模式,往往注重短期利益,以完成交易为目标。销售人员像猎豹一般,四处寻觅猎物,一旦捕获,便迅速离开,寻找下一个目标。这种模式虽能在短期内获取高额利润,却忽略了与客户建立长期关系,最终导致客户流失,市场份额缩减。

迪士尼乐园是全球主题乐园行业的典范,多年来始终保持着极高的游客吸引力和盈利能力。迪士尼乐园销售的绝不仅是游乐设施的体验,而是一个充满奇幻与梦想的完整世界。从踏入迪士尼乐园那一刻起,游客便仿佛置身于童话王国。

这里的每一个角落都经过精心设计,每一位工作人员都好似从童话中走出的角色,他们用热情与专业为游客营造出身临其境的梦幻感。无论是经典的迪士尼动画角色巡游,还是震撼人心的烟花表演,都在讲述着一个个有关爱、勇气和梦想的故事。迪士尼乐园深知游客所需求的不仅是娱乐,更是对美好情感和难忘经历的追寻。

通过打造这样全方位的梦幻体验,迪士尼乐园实现了可持续性销售,令一代又一代游客为之着迷,成为家庭旅游、亲子度假的首选之地。

从迪士尼乐园的成功,可深入探寻可持续性销售背后的本质——销售,不仅仅是产品或服务的交换,更是情感、梦想、文化等多层面价值的传递与共享。

因此,为实现可持续性销售,必须做好对客户需求的深度回应与价值创造。具体而言，要做好以下几点：

1. 精准洞察客户核心诉求

这要求销售员摒弃表面化的沟通模式，运用敏锐的市场感知力与细腻的人际交往技巧，深入探究客户内心的真正渴望。例如，在销售电子产品时，不能仅满足于介绍产品基本功能，而要通过与客户的深入交流，了解其使用场景、工作或生活中的痛点及潜在期望。若客户是创意工作者，他可能更关注产品在图形处理能力、色彩精准度及便携性方面的表现，销售员应围绕这些核心诉求展开详细且有针对性的介绍与推荐，让客户感受到被理解与重视。

2. 客户价值的深度挖掘

可持续性销售绝非一次性的交易狂欢，而是建立在对客户价值的深度洞察与不懈创造之上。这意味着销售人员不能仅满足于向客户推销一款产品或一项服务，而要着眼于客户整个生命周期的需求变化。例如，一家软件公司若仅聚焦于销售初始版本的软件，而不考虑后续的功能升级、用户体验优化以及针对不同客户群体的个性化定制，便很难在市场中维持长久的销售优势。真正的可持续性销售要求企业像贴心的生活管家，时刻关注客户在不同阶段的痛点与期望，不断推出能切实解决客户新问题、提升客户生活品质或工作效率的创新方案，让客户在与企业互动的每个节点都能感受到独特且持续增长的价值。

3. 建立长期互动沟通机制

可持续性销售并非一锤子买卖，而是要与客户建立起长期稳定的合作关系。销售员要主动与客户保持密切联系，定期回访客户使用产品或服务的体验，及时收集反馈信息。比如，在销售健身器材后，销售员可在客户购买后的一周、一个月、三个月等不同时间节点进行回访，询问客户的使用频率、是否遇到操作困难、是否达到预期的健身效果等。同时，积极向客户分享行业内的最新动态、产品的升级信息以及相关的健身知识与技巧，让客户感受到销售员始终关注他们的需求与成长，进而增强客户对品牌的信任与忠诚度。

4. 引领客户需求升级

优秀的销售员不应仅是被动地响应客户需求，更应具备前瞻性眼光，能够通过对市场趋势的研究与分析，引领客户需求的升级。例如，在智能手机销售领域，当大部分客户还仅关注手机的基本通信与娱乐功能时，销售员可向客户展示智能手机在智能家居控制、移动办公、虚拟现实体验等新兴领域的应用潜力，激发客户对更高品质、更多功能手机产品的兴趣与需求。通过这种方式，销售员不仅能提前布局市场，抢占先机，还能与客户共同成长，不断拓展销售的边界与深度，实现可持续性销售的长远目标。

此外，销售人员要与时俱进，顺应时代潮流，积极拥抱数字化变革，借助人工智能与大数据分析，精准洞察消费者行为模式的动态变化，提前布局产品规划与市场拓展方向，确保销售策略的前瞻性，在增强客户黏性的同时，持续挖掘新的销售增长点。

线上线下融合，拥抱全渠道模式

在当今碎片化的信息时代，单一的销售渠道宛如一座孤岛，很难覆盖广袤无垠的市场。营销领域的佼佼者们早已舍弃这种"单打独斗"的陈旧模式，转而投身全渠道营销，精心编织起一张无形却强大的销售网络，将线上线下资源巧妙且有机地融合，达成销售的裂变式飞跃。

往昔，销售模式大多受限于单一渠道，要么单纯依靠线下门店，要么依赖电话营销，又或是仅仅借助电商平台。这类模式的缺陷一目了然：渠道单一，受众覆盖面狭窄，效率极为低下，难以适应瞬息万变的市场局势。与之截然不同，全渠道营销彻底打破了这种局限，它将线上线下形形色色的渠道整合归一，构筑起一个统一且协同的营销生态体系。

周菁，一位年轻有为的服装设计师，创立了属于自己的服装品牌，并果断启用全渠道营销模式。她不但在各大电商平台开设了旗舰店，精心运营，还拥有独具特色的线下实体店，为顾客提供亲身体验的空间。

与此同时，她积极借助社交媒体的力量大力推广品牌，定期举办丰富多彩的线下活动，与顾客亲密互动。不仅如此，她还匠心独运地建立起一套完善的会员管理系统，针对不同渠道而来的客户量身定制个性化服务。

得益于全渠道的全方位整合，她的品牌声名鹊起，销售额也呈现迅猛增长之势。她所采用的这种融合式销售模式，具备超强的适应性与可扩展性，为行业树立了典范。

从周菁的成功范例中，我们能够清晰洞察全渠道营销模式是怎样在各个环节丝丝入扣、深度交融的。这种融合绝非简单的渠道堆砌，而是一种精妙有机的协同运作，其终极目标是为消费者呈献无缝衔接、个性化十足的购物体验。

全渠道营销，从本质上讲，是以消费者需求为核心展开的价值创造与传递之旅。尤其在当下，消费者早已不再满足于单一的购物途径或者乏善可陈的购物体验。他们满心期待能够在不同渠道之间自由、流畅地切换，随时随地获取最新的产品信息，果断做出购买决策，并且享受到专属、优质的贴心服务。

那么，究竟如何才能实现销售全渠道营销模式的深度融合呢？

1. 构建统一的客户数据平台

这好比销售的"智慧大脑"，能够全方位收集、深度剖析源自各个渠道的客户数据，精准把握客户的喜好、需求以及行为模式，进而有的放矢地为客户呈献个性化服务，向其精准推送极具针对性的营销信息。

2. 破除各个渠道之间的壁垒

技术无疑是全渠道营销的坚固桥梁。凭借诸如 CRM 系统、数据分析工具等一系列技术手段的强力支撑，打通线上线下各个渠道的阻隔，将不同渠道的数据与业务流程完美整合，切实实现信息的无缝对接，彻底杜绝信息孤岛现象。

3. 塑造一致的品牌体验

无论客户经由哪一个渠道初次邂逅企业的品牌，都理应收获毫无二致的品牌体验。这涵盖品牌形象的统一塑造、产品质量的稳定保障、服务质量的始终如一等诸多方面。一致的品牌体验，堪称提升客户忠诚度的核心密钥。毫不夸张地说，品牌体验就是全渠道营销的灵魂所在。

4. 强化客户关系管理

全渠道营销的重中之重，是与客户缔结长期稳固的关系。销售人员务必借助各个渠道与客户积极互动，深度洞悉客户的需求，进而提供个性化的优质服务，全方位提升客户的满意度与忠诚度。

掌握和玩转流量密码

我们常常会看到一些视频、文章或产品毫无征兆地爆火，引来无数点赞、转发和购买。人们将这种现象归结为"流量密码"，并试图复制其成功模式。毫不夸张地说，在当下这个流量为王的时代，销售已然演变成一种争夺消费者注意力与传递价值的艺术。

为此，无数人追逐流量密码，渴望借此一夜爆红，实现财富自由。然而，盲目地追逐热点，最终往往徒劳无功。真正的流量密码并非简单的算法或技巧，其核心在于精准洞察消费者的需求与喜好，然后通过合适的渠道和方式，将产品或服务的价值以最具吸引力的形式呈现给消费者，从而激发他们的购买欲望，促成交易。

在美妆界，有一个网红品牌叫"完美日记"。在竞争激烈的美妆市场中，完美日记之所以能迅速崛起，正是源于其掌握了流量密码。它以社交媒体为核心战场，开启了一场精彩绝伦的流量盛宴。

完美日记在小红书、抖音等热门社交平台上大量投放内容，这些内容并非生硬的广告，而是充满创意与美感的美妆教程、产品试用分享以及时尚妆容搭配灵感。它还邀请众多美妆博主合作，这些博主们使用完美日记的眼影盘、口红等产品打造出一个个令人惊艳的妆容，并在视频中详细讲解产品的使用感受、显色度、持妆效果等细节。

这些视频和图文内容如同魅力十足的磁石，吸引了无数年轻女性的关注。年轻女孩们看到这些精美的妆容，心中燃起对美的渴望，纷纷被完美日记的产品种草。同时，完美日记还善于利用社交平台的互动性举办各种线上活动，如"美妆挑战""粉丝抽奖"等，鼓励消费者参与分享自己的美妆体验，进一步扩大了品牌的传播范围。

通过这种方式，完美日记在短时间内积累了海量的粉丝和极高的品牌知名度，产品销量也如火箭般蹿升。

由此可见，掌握并有效利用流量密码，是决定绩效的关键。当然，流量密码并非某种神秘莫测的公式，而是对用户需求、营销策略等的深刻理解与巧妙运用。具体来说，要拿到这把数字时代的营销新密钥，须把握好以下几个方面：

1. 深度理解目标受众

不同的产品或服务有着不同的目标客户群体，他们有着各自独特的年龄、性别、兴趣爱好、消费习惯等特征。只有深入了解这些特征，才能明确在哪个平台找到他们，以及用什么样的内容和方式与他们进行沟通。例如，针对年轻的游戏爱好者群体，企业可以选择在游戏直播平台、游戏论坛等渠道进行推广，推广内容可以是与游戏相关的产品，如游戏周边、高性能的电脑设备等，并且以游戏化的语言、风格和形式来呈现，如举办游戏竞赛赢取产品等活动，这样才能吸引他们的关注和兴趣。

2. 创作与传播优质内容

优质的内容应具备独特性、趣味性、实用性等特点。就像一些旅游博主通过分享自己在世界各地的独特旅行经历、鲜为人知的旅游景点、实用的旅行攻略等内容，吸引了大量粉丝的关注。而这些粉丝在欣赏精彩内容的同时，也会对博主推荐的旅游产品，如酒店预订、旅游线路规划等产生兴趣。所以，商家在创作内容时，要从消费者的角度出发，思考什么样的内容能够为其带来价值，进而创造合适的内容，并传递给消费者。

3. 对流量渠道的精准选择与整合

如今的流量渠道丰富多样，包括社交媒体平台、电商平台、搜索引擎、线下活动等。企业需要依据自身的产品特点、目标受众以及营销目标，选择合适的流量渠道进行布局，并将不同渠道的流量进行有机整合，实现协同效应。例如，一家服装品牌可以在社交媒体平台上进行新品预热和品牌形象塑造，吸引消费者的关注；在电商平台上进行产品销售和促销活动；同时，通过线下实体店举办新品发布会、时尚秀等活动，为线上引流，增加品牌的曝光度和影响力。通过这种多渠道的整合营销，能够全方位地覆盖目标客户群体，提高销售的成功率。

掌握和利用好流量密码，是一个持续学习和迭代优化的过程。尤其是营销人员，需要不断关注市场趋势、用户需求和平台规则的变化，及时调整营销策略，切忌投机取巧，追求短期利益，要坚持长期主义，以用户为中心，构建健康的流量生态。

从种草营销上升到品牌建设

你是否曾被某个关键意见领袖（KOL）"种草"，然后毫不犹豫地掏腰包？种草营销，凭借其强大的影响力和精准的传播力，在近几年风靡一时。然而，仅仅依靠种草营销，就如同只播撒种子却不耕耘土地，最终只能收获寥寥无几的果实。真正的商业高手，早已将目光从短期的种草营销，提升至长期的品牌建设。他们播撒的是种子，收获的却是整片森林。

种草营销的核心在于，通过口碑传播和社交分享，激发消费者对产品的兴趣与购买冲动。它借助社交平台上的意见领袖、网红博主以及普通消费者的真实体验分享，以一种看似不经意、实则精心策划的方式，将产品的亮点和优势植入消费者心中。

这种营销方式的优势在于其真实性和贴近性。消费者更容易接受来自同类群体的推荐，就像在朋友间分享一个好用的小物件一样自然。然而，种草营销的局限性也显而易见。它往往侧重于产品的某个或某些特性，且传播范围相对较窄，多集中在特定的社交圈子或兴趣群体内。如果仅仅停留在种草营销阶段，品牌很容易陷入短期的流量狂欢，一旦热度过去，消费者的兴趣可能会迅速转移。

相比之下，品牌建设则是一种全方位、多层次、长期性的战略布局。它涵盖了产品研发、生产、销售、售后服务等整个商业链条的优化与提升，更注重品牌文化、品牌形象、品牌价值观的塑造与传播。

品牌建设的目的是在消费者心中建立起一种独特的、不可替代的品牌认知与情感连接，使消费者在面对众多同类产品时，能够毫不犹豫地选择自己所信任和喜爱的品牌。这就如同在消费者心中构建一座坚固的城堡，城堡的基石是优质的产品和服务，城墙是独特的品牌形象和文化，而城堡内的宝藏则是品牌所传递的价值观和情感体验。当消费者走进这座城堡，他们就成为品牌的忠实守护者和传播者。

来看两个案例。

某新兴护肤品牌，通过邀请众多网红和博主进行种草营销，迅速积累了一批粉丝，销量也在短期内实现了大幅增长。然而，由于产品质量参差不齐，售后服务跟不上，很快便遭到大量用户的投诉，品牌形象受损，最终走向衰落。这就像急功近利，播撒种子后便置之不理，自然难以收获丰硕的果实。

百年老字号"老干妈"，从未进行过大规模的种草营销，却依然拥有着庞大的客户群体和极高的品牌忠诚度。这源于其对产品质量的极致追求，对顾客需求的深刻理解，以及几十年如一日的品牌积累。"老干妈"的成功，如同精耕细作，辛勤耕耘，最终收获累累硕果。

这两个案例的鲜明对比，揭示了种草营销与品牌建设的本质区别。前者注重短期效果，后者注重长期积累。种草营销是手段，品牌建设是目的。只有将种草营销上升到品牌建设的高度，才能实现可持续发展。

那么，如何从种草营销顺利上升到品牌建设呢？关键要把握好三点：

1. 以产品为核心,构建坚实的品牌根基

无论营销手段多么高明,产品的质量和性能始终是品牌的立足之本。以苹果公司为例,其产品以卓越的设计、强大的功能和稳定的性能著称。在早期,苹果产品通过用户的口碑传播和科技媒体的种草式报道,吸引了一批忠实的粉丝。但苹果并未因此而放松对产品研发的投入,反而不断创新,推出了一系列具有划时代意义的产品,如 iPhone、iPad 等,从硬件到软件,从外观到内核,都进行了精心打磨。正是这种对产品品质的极致追求,为苹果品牌的建设奠定了坚实的基础,使其成为全球科技品牌的领军者。消费者对苹果品牌的信任和热爱,不仅仅源于其精美的广告宣传,更源于对其产品品质的亲身感受。

在种草营销过程中,营销人员与客户之间的互动不应局限于交易关系。要学会与客户建立起情感连接,将产品的使用场景与客户的情感需求相结合。比如,一款护肤品的销售员可以讲述它如何帮助一位因皮肤问题而自卑的女孩重拾自信,开启全新的社交生活。通过这样真实且富有情感的故事分享,引发客户的情感共鸣,从而促使他们主动传播产品信息,形成良好的口碑。

2. 强化专业素养与品牌故事讲述能力

优秀的销售员应是品牌的专家与代言人。在从种草到品牌建设的过程中,需要不断提升自身的专业知识,无论是产品的成分、功效,还是品牌的历史、理念与发展愿景,都要了如指掌。并且要学会将这些枯燥的信息转化为生动且富有感染力的品牌故事。例如,向客户讲述品牌在研发过程中的匠心精神、如何克服重重困难为客户带来独特的体验等。

3. 持续创新,加大品牌建设力度

品牌建设是一个动态的过程,营销人员不能满足于一时的种草成功,要时刻关注行业动态和消费者喜好的变化,持续对产品和营销策略进行创新。例如，随着环保意识的增强，如果品牌能够推出环保系列产品，并结合环保主题开展营销活动，就能吸引更多具有环保理念的消费者。

品牌不仅仅是一个名称或标识，更是一种承诺、一种信仰，是连接企业与消费者心灵的桥梁。而从种草营销到品牌建设的升华，正是构建这座桥梁的伟大工程。

深度成交：利他和自利的完美契合

销售不等于"卖货"，而是一个建立信任、创造价值的过程。在这个过程中，关键在于聚焦解决客户问题，而非着眼于处理自身困扰。倘若销售人员仅将精力放在促使客户付款、助力自身达成任务指标上，那么极易引发客户的抵触心理。

在销售过程中，优秀的销售人员能够通过深入探究客户的核心需求、痛点以及长远目标，精心为客户定制个性化的解决方案。这并非一种简单的买卖行为，而是一种更为深入、全面且富有战略性的商业交互过程。在这个过程中，贯穿营销始终的是两个字——"利他"。

所谓"利他"，即：在处理利益关系时，不但要考虑自己，还要考虑他人；不但要考虑现在，还要考虑将来，做到既利他又利己。在某些特殊情况下，甚至可能放弃自身的需求来满足别人的愿望。

这种心态是"装"不出来的，客户能够从销售人员的言谈举止中感觉到其是为了"利己"，还是真的"利他"。若想做到真正的"利他"，首先要回答以下五个问题：

其一："客户当前所面临的挑战是什么？又存在哪些潜在的发展机遇？"

其二："客户的合作伙伴与对手是谁？"

其三："客户内部的决策关键人是谁，有着怎样的决策机制？"

其四："客户的企业文化与价值观是怎样的？"

其五："客户的业务和盈利模式是什么？"

日本学者石田梅岩曾说："真正之行商者，谋人我两利。"即一个成功的商人，追求的是买卖双方利益兼顾。也就是说，在进行商业决策时，不要仅仅着眼于荣誉、尊严以及名誉，其间还需牢固确立一条关键原则，即"利他和利我"。

通常，企业在面临抉择时，会习惯性地依据自身的利害关系进行最终的评判与定夺。若不这么做，会被认为是"傻"，实则不然。恰如《论语》中所说："放于利而行，多怨。"倘若在处理每件事情时，皆以自身能否获取利益作为唯一的思考标尺，那么毋庸置疑，必将招致各种怨愤与不满。

那些优秀的销售员在营销决策过程中，始终将对方利益置于首位。他们深谙一个清晰且颠扑不破的逻辑：唯有优先促成他人利益的达成，自身利益方能水到渠成地得以实现。

以下是他们践行这一理念的四个有效方法：

1. 不急着推销，先深度洞察需求

优秀的销售员不会一开始就滔滔不绝地介绍产品功能和优势。他们首先会花大量时间去了解客户的需求，不是简单地问询，而是深入挖掘客户的痛点、目标以及潜在的顾虑。他们会运用积极聆听、开放式提问、同理心等技巧，让客户感受到被尊重和理解。通过深入的了解，他们能准确把握客户的真实需求，进而提供更有针对性的解决方案，给客户带来实实在在的好处。

2. 积极寻求合作，不单向推销

优秀的销售员不会将自己定位为单纯的销售人员，他们更乐于扮演顾问和合作伙伴的角色。他们会积极寻求与客户的合作，共同寻找解决问题的方案。他们会仔细倾听客户的意见和建议，并努力将其融入到解决方案中。

例如，一个营销顾问在为客户制定营销策略时，会充分考虑客户的资源、能力和市场环境，并与客户共同探讨，最终制订双方都能接受的方案。这种合作式的销售模式，不仅能提高客户满意度，还能提升销售人员自身的能力和价值。

3. 超越交易本身，创造额外价值

他们不仅仅是完成交易，更注重为客户创造额外的价值。这可能包括提供超出预期的服务，分享有用的信息，或者帮助客户解决一些与产品无关的问题。例如，一个房地产中介不仅帮助客户找到合适的房子，还会提供装修、贷款等方面的建议和帮助。这种超出预期的服务，不仅能提高客户满意度，也能提升商家的品牌形象，为未来的销售创造更多机会。

4. 赋能客户，提升客户满意度

优秀的销售员不仅销售产品，更是在赋能客户，提升客户的能力。他们会通过培训、指导、分享经验等方式，帮助客户更好地使用产品，并提高其工作效率和竞争力。这不仅增加了客户对产品的依赖性，也提升了客户的满意度和忠诚度。

由此可见，优秀销售员的成功并非偶然，而是建立在对客户需求的深刻理解、对长期关系的重视以及对价值创造的坚持之上的。他们将对方利益置于首位，是基于一种深刻的商业洞察：唯有优先促成他人利益的达成，自身利益方能水到渠成地得以实现。反之，如果将商业的逻辑定格在自利上，那便如同在狭窄的独木桥上前行，不但视野受限，且路越走越窄。

第八章

销售精英的六项全能

通过深入一些销售精英的内心世界，洞察他们的底层思维模式，深度剖析其实战秘籍，可以得出一个基本的结论：要想真正成为一名顶级销售，需要培养多方面的能力和素质，其难度不亚于做一家创业公司的 CEO。

销售的
底层逻辑

善于发现自己的精准客户

过去，销售方式如同盲目撒网，销售人员仅凭一腔热血与宽泛的产品推广，在茫茫人海中碰运气似的寻找客户。然而，这种方式效率低下、成本高昂，而且往往只能捕获一些"小鱼小虾"，难以带来显著效益。那些优秀的销售人员不会四处撒网，而是用心选择，进而精准捕捞，最终实现高效转化。

王嘉开了一家皮具店，店内摆满了各种精美绝伦、精心打造的皮具，从复古风格的手提包到简约时尚的钱包应有尽有，每件产品都散发着独特的艺术气息。可是，开业初期，生意却十分冷清。坐等顾客上门并非良策，于是他打算主动寻找那些真正热爱手工皮具、懂得欣赏且有购买倾向的精准客户。

他首先对自己的产品进行了深入剖析。这些手工皮具的独特之处在于精湛的手工技艺、优质的皮革选材以及独一无二的设计。基于此，他开始在社交媒体上寻找对传统手工艺有浓厚兴趣、注重生活品质、追求个性化时尚的群体。他加入了一些手工爱好者的论坛、时尚生活方式的社群，并在里面积极分享皮具店的产品制作过程、皮革材质的知识以及设计灵感的来源。例如，他会发布工匠师傅们一针一线缝制皮具的慢动作视频，详细讲解不同皮革的纹理和质感对产品最终效果的影响，还会分享某个皮具设计背后蕴含的文化故事或自然元素。

很快，一些志同道合的人开始关注他，并主动与他交流。之后，他又在线上开了店，生意很快红火起来。

从这个案例可以看出，发现精准客户的关键在于对自身产品的深度理解以及对目标客户群体特征的精准把握。成功销售的一个关键之处在于价值的匹配，手工皮具店的皮具所蕴含的手工艺术价值、品质价值和个性化价值，与某些人群所追求的独特时尚品位、高品质生活以及工作需求完美契合，这就如同拼图游戏，只有找到形状和图案都契合的那一块，才能最终拼出一幅完整的画面。

在实际操作中，销售精英发现精准客户的方法主要有以下几个：

1. 打造清晰的产品定位和价值主张

销售精英们清楚知晓自己的产品或服务能为客户带来何种独特价值，是节省时间、降低成本、提升体验，还是创造更多商业机会。明确这一点后，再于茫茫人海中寻找对这些价值有需求的客户群体。

2. 善于利用多渠道收集客户信息

在互联网时代，信息来源渠道丰富多样。可通过社交媒体平台、行业网站、线上论坛等渠道了解客户的兴趣爱好、需求痛点、消费习惯等信息，也可通过线下活动、市场调研、客户反馈等方式获取一手资料。例如，一位销售精英通过分析社交媒体上用户分享的旅游经历、对旅游目的地的向往以及对旅游服务的评价，筛选出对特定旅游线路、旅游方式有兴趣的潜在客户，然后有针对性地向他们推送个性化的旅游产品套餐。

3. 建立客户画像和筛选机制

根据收集到的客户信息，构建详细的客户画像，涵盖客户的年龄、性别、职业、收入水平、兴趣爱好、购买能力等多方面特征。然后设定购买意向、消费能力、需求紧急程度等筛选条件，从大量潜在客户中筛选出真正的精准客户。比如，一家高端健身俱乐部在招募会员时，会依据客户的年龄、身体状况、健身目标（如减肥、增肌或是塑形）、收入水平（用以确定会员套餐价格）等因素构建客户画像，进而筛选出符合俱乐部定位、有强烈健身意愿且能够承担会员费用的精准客户，再进行重点营销推广。

4. 运用数据分析工具分析

数据分析工具可助力销售人员更好地分析客户数据，找出目标客户的特征和规律，为后续的精准营销提供更有效的指导。通过数据分析，能够优化营销策略，提高转化率。此外，还要建立客户关系管理（CRM）系统，CRM 系统有助于销售人员更好地管理客户信息，跟踪客户行为，为客户提供个性化服务，进而更好地维护客户关系，提高客户忠诚度。

敏锐判断 A、B、C 类客户

许多销售人员常常陷入忙碌的陷阱，疲于奔命地联系各种客户，却忽略了客户的分类和筛选。要知道，客户是有不同价值等级之分的，可分为潜力无限的 A 类客户、值得争取的 B 类客户以及价值相对较低的 C 类客户。精准识别不同类型的客户，是决定销售成败的重要前提。

从根本上来说，销售是一种资源配置与价值最大化的过程。A 类客户如同已经成熟待摘的果实，销售者要集中优势资源，迅速将其收入囊中；B 类客户则像尚未成熟的果实，需要销售者精心浇灌、施肥，投入时间与精力去培育，待其成熟后转化为 A 类客户；C 类客户短期内虽难以产生较大价值，但也不能完全放弃，因其可能在未来因自身需求变化或市场环境影响，转变为 B 类甚至 A 类客户。

在需求、决策速度和影响力等方面，三类客户存在明显区别。A 类客户对产品或服务有清晰明确的需求和期待，能够迅速做出购买决策，还能影响周围人购买相关产品或服务；B 类客户对产品或服务的需求和期待不够清晰，需较长时间考虑才能做出购买决策，对周围人的影响力有限；C 类客户对产品或服务需求不明显，缺乏购买意愿，即便价格再低也可能不会购买，对周围人的影响力极小。

那么，销售精英们是如何在销售场景中准确判断 A、B、C 类客户的呢？他们常用以下四种方法：

1. 深入了解客户的需求

这如同与丛林中的动物对话，要敏锐捕捉其发出的信号。与客户交流时，仔细倾听话语，观察表情、语气和肢体语言。例如：若客户询问产品时能准确说出具体需求，如型号、规格、功能细节等，且对价格范围有清晰界定，同时表现出较强购买意愿，大概率是 A 类客户；若只是泛泛询问大致功能，对价格敏感，且提及需与他人商量或进一步了解，则可能是 B 类客户；若只是随意问问，无明确需求指向，也无购买紧迫性，那很可能是 C 类客户。

2. 评估客户的购买能力

通过询问客户的职业、收入水平、所在企业的规模与决策流程等信息来判断。例如：企业中有实权的采购经理有权决定采购来源，这类客户很可能是 A 类客户；而普通员工虽有需求，但购买须层层上报审批，可能就是 B 类客户。对于个人消费者，可从穿着打扮、所使用物品等方面初步判断，再于交流中核实其购买可能性及实力。

3. 分析客户的购买动机

分析客户购买动机，即看其是为满足自身实际需求，如提高工作效率、改善生活品质，还是仅为跟风或满足一时好奇心，据此进一步判断客户类型。例如：创业者为提升公司竞争力购买先进办公设备，购买动机强烈且与业务发展紧密相关，可归为 A 类客户；消费者因看到周围人购买某款时尚产品而想试试，则可归为 B 类客户。

4. 追溯客户的购买行为

A 类客户通常是产品或服务的忠实用户，购买频率高。以办公用品采购为例，大型企业等 A 类客户会定期大量购买办公耗材、设备等，对品牌忠诚度高，认可某品牌产品质量和服务后就会长期合作。B 类客户购买频率适中，忠诚度相对较低，可能会在不同品牌间尝试。C 类客户购买频率极低，几乎无忠诚度可言，可能只是偶尔购买一次，下次购买时大概率不会再选原品牌。

　　熟练掌握这些判断方法，不仅有助于精准分类客户，还能深度洞察客户内在特质，进而依据不同客户群体的独特需求、购买动机和行为模式，有的放矢地打造个性化销售策略。

精准掌控成交的节奏

在销售活动中,很多销售人员急于求成,强求猛攻,其实这种做法往往适得其反。真正的高手懂得掌握成交节奏,他们如同指挥家,掌控着整个销售过程的旋律,让成交水到渠成。尤其是那些销售精英,十分擅长掌握成交节奏,归纳起来,主要有以下几个流程。

1. 调整好自己的情绪

销售精英有一个特点,就是在见到客户时会本能地流露出积极的情绪状态。积极的情绪是一种良好的状态,更是一种职业修养。试想,如果你带着消极低落的情绪去见客户,那会是怎样一番场景。即便自己的心情不好,在见到客户的那一刻,销售精英也能迅速调整好情绪,微笑面对客户。

2. 准确洞察客户心理

销售精英良好的洞察能力并非与生俱来,而是在长期的销售实践中,通过与无数客户的交流互动,不断积累经验、磨砺而成。他们如同经验丰富的心理咨询师,善于倾听客户的言辞,更能捕捉到那些未言之语。每一个犹豫的停顿、每一次不经意的重复询问,都成为他们解读客户内心密码的关键线索。通过这些线索,他们能够精准洞察客户心理,进而相应调整成交节奏,推动客户跨越最后的决策障碍。

3. 建立充分的信赖感

如果一见到客户,就急匆匆地大谈产品,或者像有些下属在上级面前急于显摆自己的本事一样，结果往往是说得越多，客户就离你越远，信赖感也跑得无影无踪。销售精英显然不会这么做，他们不会一上来就与客户谈产品，而是从一些家常事聊起。出于本能反应，当销售人员一提及产品，客户多会像刺猬一样有所防备。所以，要从他们熟悉的话题聊起，让对方打开话匣子。双方说得越多，了解得就越多，相互之间的共鸣之处也就越多，就像两个老友找到了共同话题，一来二去，信赖感就慢慢建立起来了。

还有一点很重要，就是在和客户交流时不要总是讲专业术语，客户又不一定是行家，尽量用大白话，让其听得明明白白。

4. 锁定客户核心诉求

一旦与客户成功建立起信赖感，彼此之间便会如沐春风般惬意自在。而此时，销售进程中的关键一步便是精准挖掘客户的问题所在，明确其究竟期望通过此次购买化解何种困扰。那么，究竟怎样才能顺利找到客户的问题核心呢？答案就在于巧妙地提问。唯有通过频繁且有针对性的提问，才能深入了解客户内心深处的真实需求与痛点。

销售精英深知这一技巧的重要性，他们会将高达 80% 的时间用于提问，然后耐心倾听客户的心声，而仅预留 20% 的时间来讲解产品以及回应客户的疑问。通过这样的时间分配与沟通策略，他们能够像精准的导航仪一样，准确锁定客户的问题所在，从而为后续提供恰到好处的解决方案。

5. 精准推荐产品和解决方案

到了这个阶段，销售精英心里基本就有数了，知道该给客户推荐哪类商品最合适。他们给出的解决方案会非常有针对性，客户一看就知道是专门为自己打造的。这样一来，他们往往会放松警惕，一起探讨这个方案到底行不行得通。

需要注意的是，在这个过程中，一定要抓住机会好好宣传产品的价值,把品牌背后的故事、深厚的企业文化、获得的荣誉等,都一五一十地告诉客户。这时候你就可以尽情展示自己的专业知识了,因为客户现在很愿意听你讲,你说的话他都能听进去,这样就能让客户更清楚地认识到产品的独特之处和优势所在,从而推动交易更进一步。

6. 攻克犹疑,助力决策

当客户在掏钱的那一刻犹豫不决时,销售精英不会急着促成交易,那他们会怎么做呢?通常,他们会一步步深入追问,一直找出客户真正纠结的点。比如,他们会问:"您还有什么顾虑?"对方如果回答:"我得回家跟我爱人商量商量。"那就会接着问:"那您爱人一般会在意哪些方面呢?"对方说出爱人关心的问题后,就这样顺着这个问题往下询问,直到精准定位客户的抗拒点所在。如此一来,解决的办法自然也就有了。

踢好临门一脚，完美收官

如果把销售比作一场足球比赛，那么前期的市场开拓、客户培育、产品推介等环节，就如同球队在球场上组织进攻、控球周旋，而临门一脚则是决定胜负的关键时刻。能否成功将球踢进客户需求的"球门"，实现完美收官，考验着销售人员的素质与能力。

许多营销人员，前面的工作都做得很出色，却无法成交，很多时候就输在了临门一脚上。也就是说，在成交阶段，他们不懂得如何巧妙地"催促"客户尽快下单。而销售精英在这个时候，就会展现出非凡的智慧。他们不会采用生硬、急切的方式给客户施压，而是凭借对客户心理的精准把握，巧妙运用语言艺术，促成交易。

李丽是一家 4S 店的销售冠军，接下来，让我们看看她是如何踢好这临门一脚的。

有位张先生多次到店里看车，他对一款中型轿车表现出浓厚兴趣。他详细了解了车辆的性能、配置、价格以及售后服务等方面的信息，还进行了试驾，并且对试驾体验颇为满意。但每次谈到签约购买时，他总是犹豫不决，不是说"再考虑一下"，就是说"想对比一下其他品牌"。

李丽深知，是时候踢这临门一脚了，否则前面的流程又得重新走一遍。她没有像其他销售那样，用干巴巴的话语催促张先生尽快做决定,也没有机械地重复车辆的优点。她先静下心来,回顾与张先生的每一次交流,发现张先生是个非常注重家庭的人,买车主要是为了方便家人出行,尤其是接送孩子上学和周末家庭出游。同时,张先生对汽车的安全性和舒适性要求较高。

于是,李丽真诚邀请张先生带着家人再次来到店里,并特意为他们准备了一场温馨的家庭购车活动。车内摆放着儿童安全座椅,车载冰箱里装满孩子们喜爱的零食和饮料,后备箱里放着一些适合家庭旅行用的小物件,如野餐垫、帐篷模型等。

接着,她当着张先生及其家人的面,详细介绍这款车的安全配置,如多个安全气囊、车身稳定控制系统等是如何全方位保障家人安全的;又介绍了车内宽敞舒适的空间、人性化的座椅设计以及先进的空调系统是如何为家庭出行提供舒适环境的;还分享了一些其他家庭购买这款车后的幸福故事,比如,一家人开着车去海边度假,孩子们在后排开心玩耍,父母在前排安心驾驶等。

张先生的家人看到这些,都表现出兴奋与喜爱,纷纷表示这款车很不错。见家人如此喜欢,张先生也不再犹豫。李丽见状,拿出早已准备好的购车合同,微笑着对张先生说:"您看,这款车就像是为您的家庭量身定制的幸福座驾,今天就把它开回家,开启您家庭的美好出行之旅吧。"张先生欣然在合同上签了字。

从这个案例可以看出,踢好临门一脚的关键在于精准把握客户的核心需求与情感痛点,并将产品优势与之紧密结合,营造出让客户无法抗拒的购买氛围。销售的本质是满足客户需求并建立情感连接,在收官阶段,就是要将这种连接转化为实际的购买行为。就如同足球比赛中,射手要根据守门员的站位、球门的角度以及场上形势,选择最合适的射门方式和时机,才能将球稳稳地送入球门。

需要注意的是，在踢好临门一脚时，要特别留意以下几个要点：

首先，要深入了解客户的决策心理。

客户在即将做出购买决策时，往往会受到多种因素的影响，如对产品价值的疑虑、对价格的敏感度、对品牌的信任度、他人的意见和建议等。销售人员需要像心理侦探一样，通过与客户的前期交流、观察客户的行为和表情等方式，洞察客户内心的这些因素。

其次，要创造紧迫感，但不能让客户感到压力过大。

在销售收官阶段，可以适当地运用一些时间限制、数量有限等策略来创造紧迫感，促使客户尽快做出决定。就像足球比赛中，射手在门前制造机会时，不能过于急躁，要在防守队员的干扰下保持冷静，选择最佳的射门时机，果断射门。

最后，要强化与客户的情感共鸣。

在临门一脚时，再次唤起客户对产品或服务的情感认同至关重要。可以通过讲述一些与客户经历相似的故事、提及客户的梦想和目标等方式来实现。

踢好临门一脚，完美收官，宛如一场精彩演出的高潮部分。因此，销售人员要像那些顶级的足球射手一样，精准瞄准客户需求的球门，选好时机踢出那关键的临门一脚，实现销售的完美收官。

在细分赛道独占鳌头

在每个行业,都有千千万万的营销、销售人员,但只有极少数人能做到顶级,具体到每个细分赛道,能成为头部之星的更是凤毛麟角。然而,这并不是说达到顶级、成为"销冠"是遥不可及的神话。

在竞争激烈的美妆行业,彩妆是其中的一个细分赛道。有一个名叫晓妍的年轻人,她是一家美妆公司的销售人员。起初,面对琳琅满目的口红、眼影、粉底等产品,以及形形色色、需求各异的顾客,她也曾感到迷茫与压力。然而,她并未因此放弃追求卓越。

她利用业余时间深入研究各种美妆成分、不同肤色与脸型适合的妆容风格,以及当下时尚潮流的走向。久而久之,她成了行家里手,业绩也开始显著提升。

她觉得自己不仅是在售卖产品,更是在为每一位顾客打造专属的美丽方案。当一位新娘因筹备婚礼而焦虑找不到合适的婚礼妆容用品时,晓妍耐心地与她沟通,先了解婚礼的主题、婚纱的款式等细节,随后为其精心挑选了一系列既能持久持妆又能在镜头前呈现完美效果的底妆、眼妆和唇妆产品,并附上了详细的使用教程和注意事项。

凭借对顾客需求的深度挖掘和专业贴心的服务,晓妍赢得了越来越多顾客的认可。两年后，她进入了一家知名的国际化妆品公司，并在一年后成为公司的销冠。

当一个销售员成为细分赛道的头部时，他在销售环节中就拥有了更多的话语权和影响力。

那么，对于普通销售人员来说，如何才能在细分赛道中成为头部呢？总结多数销冠的个人成长经历，发现其大致遵循了如下的方法与路径：

1. 深入研究客户群体与精准定位

这就如同探险家在出发前需要仔细研究地图，确定宝藏的大致方位一样关键。销售员要深入了解不同客户群体的年龄、性别、职业、收入水平、消费心理、购买习惯等多方面特征，通过市场调研、客户访谈、数据分析等多种手段，找出那些具有特殊需求但尚未被充分挖掘，或有潜力进一步细分的客户领域。例如，在房地产销售中，若发现年轻的单身白领群体对小户型、交通便利且周边配套设施时尚丰富的公寓有着强烈需求，那么就可将这一群体作为自己的细分赛道定位方向，专门研究如何满足他们的购房需求和购房心理。

2. 全力打造专业知识与销售技能体系

在确定细分赛道后，必须通过持续不断的学习和实践来构建深厚的专业知识壁垒和独特的销售技能优势。其中不仅包括对所销售产品或服务的深入透彻理解，还包括对相关行业知识、市场动态、客户心理等方面的广泛涉猎。以高端珠宝销售为例，头部销售员不仅要熟悉各种宝石的产地、品质鉴定标准、切割工艺等专业知识，还要了解时尚潮流趋势、珠宝文化历史、不同客户群体的审美偏好等。同时，要不断锤炼自己的销售技能，如沟通技巧、谈判技巧、客户异议处理技巧等。

可通过参加专业培训课程、向行业前辈请教、模拟销售场景演练等方式提升销售能力,并根据实际销售经验不断总结反思,优化销售方法。

3. 精心构建个性化客户服务体系

在细分赛道中,即使有了扎实的专业知识和出色的销售技能,若不能提供卓越的客户服务,也很难成为头部销售员。客户服务要注重个性化、精细化和全程化。个性化即根据不同客户的需求和特点,为其提供量身定制的服务方案;精细化是关注客户服务的每一个细节,从客户的首次咨询、产品介绍、购买决策到售后服务,每个环节都要尽善尽美;全程化则是与客户建立长期稳定的合作关系,在客户购买产品或服务后,仍要持续跟进,提供产品使用指导、维护保养提醒、定期回访等服务,及时了解客户的使用体验和新的需求变化,以便提供进一步的服务升级或产品推荐。

在竞争激烈的市场中,成为细分赛道的头部销售员不仅是一种职业成就,更是对专业、专注和服务精神的极致追求,是销售员在销售浪潮中屹立不倒、引领风尚的关键所在。

打造个人 IP，树立良好口碑

销售精英不仅拥有卓越的销售技巧，更懂得如何打造令人瞩目的个人 IP，树立起如金子般珍贵的良好口碑。这背后，是一套精心策划且持续践行的策略体系，其核心在于持续为客户创造价值，并通过多种方式有效地传播这种价值。

那么，在具体实践中，他们是如何一步步建立起个人 IP 的呢？

首先，明确自己的定位与独特价值主张。

销售精英会深入了解自身的优势、特长以及所擅长的销售领域，然后依据市场需求和客户痛点，确定一个独特的身份定位。这个定位可以基于产品专业知识，比如"数码产品专家""时尚美妆达人"等；也可以基于服务特色，比如"贴心售后服务大使""一站式购物顾问"等。

准确定位之后，他们会围绕这一定位打造一系列独特的价值主张，也就是明确自己能够为客户提供何种独特价值，是更专业的产品推荐、更个性化的服务体验，还是更全面的解决方案。例如，作为"数码产品专家"，可以承诺为客户提供最前沿的数码产品资讯、最精准的产品评测、最合理的数码产品配置方案等。

其次，持续提升专业素养和知识储备。

个人 IP 的打造离不开坚实的专业基础，如同高楼大厦离不开稳固的地基。销售精英会不断学习与自己销售领域相关的知识，涵盖产品知识、行业动态、市场趋势、客户心理等。比如，通过参加培训课程、阅读专业书籍和杂志、关注行业权威网站和社交媒体账号等方式，获取最新的行业信息，并将其转化为自身的专业知识和能力。

同时，他们注重将专业知识以通俗易懂的方式传递给客户，让客户能够切实感受到自己的专业与用心。例如，一位"时尚美妆达人"型销售员，不仅要熟悉各种化妆品的成分、功效、品牌特点等专业知识，还要能够根据不同客户的肤质、肤色、风格喜好等，为客户推荐合适的化妆品，并通过现场演示、化妆教程等方式，让客户直观地了解产品的使用效果。

再次，利用各种渠道进行品牌传播与形象塑造。

在当今信息时代，好酒也怕巷子深，即便拥有再好的个人IP定位和专业素养，如果不进行有效的传播，也很难被广大客户知晓。所以，销售精英善于利用社交媒体平台、个人网站、行业论坛、线下活动等多种渠道进行品牌传播和形象塑造。在社交媒体上，他们定期发布有价值的内容，如产品知识分享、销售案例分析、客户好评展示等，吸引粉丝关注并互动；在个人网站上，展示自己的专业资质、服务流程、成功案例等信息，提升自身的可信度。

此外，他们会积极参加行业论坛和线下活动，并在不同场合展示自己的专业形象和独特价值主张，提高知名度。例如，一位"健身器材销售顾问"在社交媒体上分享健身知识、健身器材使用教程、健身达人的锻炼经验等内容，吸引健身爱好者关注；参加健身展会、健身俱乐部活动等线下场合，现场展示和讲解健身器材的使用方法和优势，与潜在客户进行面对面的交流和沟通。

最后，始终坚守诚信与优质服务的原则。

个人IP和口碑的打造是一个长期的过程，而诚信和优质服务则是这个过程中的基石。销售精英在与客户交往的每一个环节中，都会做到诚实守信，不夸大产品或服务的功效，不隐瞒产品的缺陷和风险，如实向客户介绍相关信息。

同时，他们会尽可能提供优质的客户服务，关注客户的需求和感受，及时响应客户的问题和投诉，努力超越客户的预期。正因如此，他们更能赢得客户的信任和好评，树立起良好的口碑，并让个人IP在客户心中长久闪耀。

在当下的商业环境中，不仅销售人员要努力建立个人IP和树立良好口碑，就连老板、企业家也都需要通过多维度的精心谋划与不懈努力，为自己打造独一无二的商业名片，进而收获源源不断的业务与赞誉。